FiBL 瑞士有机农业研究所（FiBL）
IFOAM ORGANICS INTERNATIONAL IFOAM国际有机联盟
（IFOAM - Organics International） 编著
Organic and Beyond 正谷（北京）农业发展有限公司 译

2019年
The World of Organic Agriculture：Statistics and Emerging Trends 2019
世界有机农业概况与趋势预测

中国农业科学技术出版社

图书在版编目（CIP）数据

2019年世界有机农业概况与趋势预测 / 瑞士有机农业研究所（FiBL），IFOAM国际有机联盟（IFOAM - Organics International）编著；正谷（北京）农业发展有限公司译. —北京：中国农业科学技术出版社，2019. 4

ISBN 978-7-5116-4092-5

Ⅰ. ①2… Ⅱ. ①瑞… ②I… ③正… Ⅲ. ①有机农业－农业发展－概况－世界－2019 ②有机农业－经济发展趋势－世界 Ⅳ. ①F313

中国版本图书馆 CIP 数据核字（2019）第 055351 号

责任编辑 史咏竹
责任校对 贾海霞

出 版 者 中国农业科学技术出版社
北京市中关村南大街12号 邮编：100081
电　　话 （010）82105169（编辑室）（010）82109702（发行部）
（010）82109709（读者服务部）
传　　真 （010）82106626
网　　址 http: // www.castp.cn
经 销 者 全国各地新华书店
印 刷 者 北京科信印刷有限公司
开　　本 787mm × 1 092mm 1/16
印　　张 11.5
字　　数 231千字
版　　次 2019年4月第1版 2019年4月第1次印刷
定　　价 50.00元

This document has been produced with the support of the International Trade Centre (ITC), the Swiss State Secretariat for Economic Affairs (SECO), and NürnbergMesse. The views expressed herein can in no way be taken to reflect the official opinions of ITC, SECO, or NürnbergMesse.

Should corrections and updates become necessary, they will be published at www. organic-world. net.
This book is available for download at http: //www. organic-world. net/yearbook/yearbook-2019. html.
Any enquiries regarding this book and its contents should be sent to Julia Lernoud and Helga Willer, FiBL, Ackerstrasse 113, 5070 Frick, Switzerland, e-mail julia. lernoud@fibl. org and helga. willer@fibl. org.

Please quote articles from this book individually with name (s) of author (s) and title of article. The same applies to the tables: Please quote source, title of table and then the overall report. The whole report should be cited as:
Willer, Helga and Julia Lernoud (Eds.) (2019): The World of Organic Agriculture. Statistics and Emerging Trends 2019. Research Institute of Organic Agriculture (FiBL), Frick, and IFOAM – Organics International, Bonn.

Die Deutsche Bibliothek–CIP Cataloguing–in–Publication–Data A catalogue record for this publication is available from Die Deutsche Bibliothek

Research Institute of Organic Agriculture (FiBL), Ackerstrasse113, 5070 Frick, Switzerland, Tel. +41 62 865 72 72, Fax +41 62 865 72 73, e–mail info. suisse@fibl. org, Internet www. fibl. org

IFOAM – Organics International, Charles–de–Gaulle–Str. 5, 53113 Bonn, Germany, Tel. +49 228 926 50–10, Fax +49 228 926 50–99, e–mail headoffice@ifoam. bio, Internet www. ifoam. bio, Trial Court Bonn, Association Register no. 8726

Language editing: Laura Kemper and Simon Moakes, FiBL, Frick, Switzerland

Cover: Kurt Riedi, FiBL, Frick, Switzerland

Layout: Julia Lernoud and Helga Willer, FiBL, Frick, Switzerland

Maps: Simone Bissig and Julia Lernoud, FiBL, Frick, Switzerland

Graphs (if not otherwise stated): Julia Lernoud and Helga Willer, FiBL, Frick, Switzerland

Infographic: Kurt Riedi, FiBL, Frick, Switzerland

Cover picture: Vegetable field at the Kiltsimäe farm, Estonia. Photo: Elen Peetsmann, Research Centre of Organic Farming, Estonian University of Life Sciences. The picture was originally published in the booklet " Organic Farming in Estonia 2017 " , available at http: //www. maheklubi. ee/mison/eestis/

Printed by Medienhaus Plump, Rolandsecker Weg 33, 53619 Rheinbreitbach, Germany

Price: 30 Euros, IFOAM – Organics International affiliates: 20 Euros

Printed copies of this volume may be ordered directly from IFOAM – Organics International and FiBL (see addresses above) or via the FiBL shop at shop. fibl. org

ISBN Printed version 978–3–03736–118–4

ISBN PDF version 978–3–03736–119–1

本翻译项目由正谷有机农业基金支持。

《2019年世界有机农业概况与趋势预测》

翻译委员会

主　任：	张向东			
副主任：	张友廷	陈恩成	王玉斌	邢建平
	张婷婷	徐　新	张建伟	乔玉辉
主　译：	赵惠娟	姚韫喆	徐　颖	
译　者：	赵惠娟	姚韫喆	徐　颖	王玉斌
	孙继伟	张耀匀	王　金	阴雪彤
	姚　蕾	倪一凡	杭雪冰	牛雨曦
	冯　婧	卿熙雯	赖凌航	李怡然
	赵春扉	李墨瀚	李　杰	杜天瑛
顾　问：	周泽江	顾绍平	王茂华	欧阳喜辉
	李　莉	张纪兵	游安君	李国秋
	耿云霞	王启燕（Qiyan Wang-Mueller）		
	张　乐	唐茂芝	郝　静	顾耀平

Foreword from FiBL

We would like to thank Organic and Beyond very much for their efforts to translate the yearbook " The World of Organic Agriculture " for the 8th time! This way the study is reaching a wide audience and thus contributes to the promotion of organic agriculture worldwide.

China is an organic market with continued growth of area and retail sales. Currently, China has the fourth largest market for organic food and beverages worldwide, and it has the third largest organic arable area.

We would like to thank our partners in China, without whom we would not be able to report the latest trends in the country: Maohua Wang, Encheng Chen of the Chinese National Certification and Accreditation Agency CNCAfrom State Administration for Market Regulation, Yuhui Qiao from the China Agricultural University, and Zejiang Zhou, President of IFOAM Asia. Furthermore, we would like to thank our funders, the Swiss State Secretariat for Economic Affairs (SECO), the International Trade Centre (ITC), the Sustainability Fund of Coop Switzerland, NürnbergMesse, and IFOAM – Organics International, who have been supporting the global data collection over the last years.

Data collection is a major and constant concern of the Research Institute of Organic Agriculture (FiBL). The comprehensive data provided in this publication serve as a valuable tool for stakeholders, policy makers, authorities, and the industry, as well as for researchers and extension professionals. The data and information compiled in this volume document the latest statistics, recent developments, and trends in global organic farming.

The current volume represents the translation of the 20th edition of " The World of Organic Agriculture " , which marks a milestone in the history of the data collection on organic agriculture worldwide. To celebrate this anniversary, we asked all authors to compile a milestone list for their region or theme of expertise, and we have also created a list showing the history of our data collection. We hope that with this edition we have contributed to improving the insight into the history of organic agriculture. In the course of the past twenty years, many people have provided valuable information and data, and some of them have even supported us right from the beginning. We are very grateful to all of our authors and data and information suppliers from all over the world!

For those looking for more information: We maintain our FiBL statistics website (https: // statistics. fibl. org), where key data are available as interactive tables and our www. Organic–World. net website, where all editions of " The World of Organic Agriculture " can be downloaded, where further information, such as maps, presentations, etc., can be found. Furthermore, the news section of the website offers information about major developments in the field of organic agriculture, and via our Twitter account at www. twitter. com/FiBLStatistics, we keep our readers informed about the latest data on organic farming.

Helga Willer and Julia Lernoud

FiBL, Frick, Switzerland

译　文

诚挚感谢正谷（北京）农业发展有限公司在翻译世界有机农业统计年鉴中所做的诸多努力！2019年是该公司第八年翻译此统计年鉴，他们的工作使更多人能够了解有机农业，并且为推动世界有机农业的发展做出了重要贡献。

中国的有机市场生机勃勃，有机农地面积和有机食品（含饮料）零售额持续增长。如今，中国有机农地面积世界排名为第三位，并已经成为世界第四大有机市场。

我们非常感谢中国的合作伙伴：国家市场监督管理总局认证管理司陈恩成，认证认可技术研究中心王茂华副主任、中国农业大学的乔玉辉教授、IFOAM亚洲委员会主席周泽江先生。有了他们的帮助，我们才能够在本书中呈现中国最新的数据给大家。同时，也非常感谢我们的资助方，瑞士国家经济事务秘书处（SECO）、国际贸易中心（ITC）、瑞士COOP可持续发展基金会、德国纽伦堡展会公司（NürnbergMesse），以及IFOAM国际有机联盟，感谢他们多年来在全球数据搜集方面的支持。

数据搜集是瑞士有机农业研究所（FiBL）非常重要的一项工作。本书可以看成一本工具书，所提供的数据为利益相关者、政策制定者、当局、有机行业，以及相关研究人员和专业人员的工作提供了便利。在本书中汇编了最新的统计数据和信息，最新进展，以及全球有机农业的趋势。

《2019年世界有机农业概况与趋势预测》译自《*The World of Organic Agriculture*：*Statistics and Emerging Trends 2019*》，即2019年版的世界有机农业统计年鉴。此世界有机农业统计年鉴自1990年开始编写，已历经20载，这是全球有机农业数据搜集历史上的里程碑事件。为庆祝该统计年鉴出版20周年，我们邀请各章节的作者为其所在地区编写了里程碑事件表。同时，为了展示有机农业数据收集的历史，我们也特别为此编写了一个里程碑事件表。我们希望通过这一版本可以提高读者对有机农业历史的了解和洞察。在过去的20年中，许多行业人士提供了非常有价值的信息和数据，其中不乏从开始就一直支持我们的人。在此，我们对来自世界各地的作者和数据提供者表示衷心的感谢！

如果您感兴趣了解更多的信息，www. organic-world. net网站有最新的数据和图表供您参考。并且该网站的新闻板块提供了有机农业领域的重要新闻和发展。同时，我们的Twitter（www. twitter. com/FiBLStatistics）也会不断更新有机农业相关的最新数据。

Helga Willer和Julia Lernoud

瑞士有机农业研究所

从有机农业谈商业与公益可持续发展

2019年1月10日，我在长江商学院《公益创新与企业可持续发展》的课程中，与EMBA学员分享有机农业是如何帮助地球资源向更好的方向流动。通过回顾有机行业在国内外的发展历程，结合正谷（北京）农业发展有限公司（以下简称正谷）在商业与公益实践过程中的探索，表达了我对商业与公益的一点理解。现以此文为序，不当之处，请批评指正。

用公益推动商业　用商业模式解决公益问题

有机运动是100多年前由有远见的先驱们所发起的，他们从人类的生活方式、食物、农业生产方式以及人类的健康与地球的健康之间的关系出发提出了“有机农业”的概念。

有机农业1.0时代，有机农业诞生于公益的想法；有机2.0时代，人们将商业模式融入其中；现在有机3.0时代，人们在想如何用2.0的商业模式解决1.0时代的公益问题。用公益来推动商业，用商业模式来解决公益问题。

有机农业定义中有4个很重要原则：健康、生态、公平、关爱。商业发展同样需要宏观的健康、生态、公平、关爱。我们尝试将我们的事业与社会发展方向联系起来。商业能够解决公益的问题，公益能够推动商业的发展。我们相信商业可以真正解决公益问题，如果不通过商业的话，解决公益问题的效率会受很大限制。如果商业离开公益，商业可能很难取得竞争优势。

有机农业在中国

中国近几十年来农业生产中比较普遍地使用化学投入品。即使对于主流的常规农业来说，合理使用化学投入品也并不是一件简单的工作。那么，如何在国内更好地开展有机农业？

对于整个社会来讲，有机农业的占比还是很小的部分。2017年世界有机农业用地比例达到1.4%，而中国有机农地比例要比世界整体低很多；世界人均年消费有机食品约11美元，而中国人均消费仅为世界平均水平的1/3。中国大概有5亿多人口生活在农村，他们自己食用的蔬菜、水果等产品，可能没有经过有机认证，但是实际却能做到较少地使用化学投入品。很多人为发展中国有机农业做出了巨大努力，为中国有机农业的发展打下了很好的基础。但中国的有机农业与发达国家相比还有一定差距：消费者购买驱动可能比较单一，有机食品标准比较严格，行业发展比较初步，效率有待提高。在中国，要走的有机农业之路还很漫长。

正谷的有机践行

正谷从成立之初，就确立了商业实践与社会责任并重的商业角色定位。在有机商业实践过程中，不仅把健康的有机食品从田间送到人们的餐桌上，更重要的是努力推动国内有机行业发展，向大众传播有机理念，持续关注环境保护、动物福利、公平贸易等，进而改善人和环境、自然之间的关系。

如正谷巧克力背后践行的公平贸易，我们从秘鲁可可农手里直接购买可可原料，增加农民的收入，保证可可农户的利益，并带领他们在保护生态的前提下种植作物，以公平贸易的实践推动农业的可持续发展，关注社会的可持续发展。此外，追溯巧克力生产的每个环节所产生的碳排放，计算二氧化碳排放总量，并采用改变耗能、植树造林等方式来抵消对环境造成的负面影响，保持生态环境的平衡。

在正谷2018年的年会上，希望工程创始人、南都公益基金会理事长徐永光强调，公益很重要，它与我们的互动者自身的成长息息相关。从价值创造的角度来讲，能真正推动商业的力量就是和我们互动的人。

正谷创立于2007年，已经配送服务了110万个家庭。我相信，我们只有为顾客创造价值，才有可能往前走。通过分享食物，表达对家人、对朋友的美好祝愿。呈上自然美味，表达美好情感，这是正谷的使命。

正谷（北京）农业发展有限公司董事长　张向东

2019年3月9日

关注有机农业发展　承担更多社会责任

2019年的世界有机农业统计年鉴发布会在瑞士有机农业研究所（FiBL）和IFOAM国际有机联盟的共同主持下于德国纽伦堡的世界有机博览会（BIOFACH 2019）期间顺利举办。当人们打开《*The World of Organic Agriculture*：*Statistics and Emerging Trends 2019*》这本厚厚的统计年鉴的时候，不由得要感叹编者在收集相关数据和信息时的艰辛，也感受到了世界有机界共同努力的力量所在。

与以往相比，2019年的世界有机农业统计年鉴《2019年世界有机农业概况与趋势预测》向业内同行和广大读者展示了更多也更为翔实的有机产业相关数据和信息，为从事和关注全球有机产业的人们了解产业发展，探索产业方向，寻找合作伙伴，发现合作机遇提供了十分有用的参考，也为各国决策者和主管部门提供了决策和监管的支撑。

中国的有机产业正在蓬勃发展，已经在有机农地认证面积和有机产品销售额方面多年处于国际领先地位。中国的有机产业也正在稳步走向规范化和国际化，需要更快更好地实现国际接轨。但由于语言方面的障碍，大多中国的有机从业者无法阅读世界有机农业统计年鉴。正是由于正谷公司多年来的坚持，才使以中国为主的广大华语地区的读者能够及时了解和掌握产业的国际发展动态。

在此次纽伦堡的2019年版世界有机农业统计年鉴发布会上，正谷（北京）农业发展有限公司（以下简称正谷）再一次成为亮点，因为在此之前，该统计年鉴只出版了英文版，而中文版将成为该统计年鉴的第二种语言版本，极大地方便了广大的中文读者，为扩大该年鉴在占世界人口20%以上的华语地区的影响作出了显著贡献。继《2018年世界有机农业概况与趋势预测》在2018年正式出版后，今年正谷更高速、更精准和更专业地翻译了《2019年世界有机农业概况与趋势预测》，再一次造福于广大华人读者。

我在与FiBL和IFOAM国际有机联盟的负责人谈及世界有机农业统计年鉴中文版出版一事时，他们无不流露出对正谷的由衷赞赏和感谢。在2019年纽伦堡展会期间，我见证了由正谷董事长张向东先生及联合创始人邢建平博士与FiBL的所长尼格里博士和IFOAM国际有机联盟执行主任卢迪柯胡尔德女士参与的隆重的签约仪式，由FiBL和IFOAM国际有机联盟共同授权正谷公司长期全面义务承担和组织该世界有机农业统计年鉴的中文版的翻译并在中国出版，该签字仪式在展会引起轰动，也促进了国际相关机构考虑组织该统计年鉴其他主要语种的翻译和出版。

正谷作为一个有着强烈社会责任感的企业，长期以来在认真做好其自身有机业务工作的同时开展了一系列的社会活动，不断地向世界展示其社会担当和影响力，连续8年主动义务承担世界有机农业统计年鉴的翻译工作只是其所主动承担的社会责任之一，我在此对正谷为国际有机产业所做的特殊贡献表示衷心的感谢和由衷的敬意。

我想，《2019年世界有机农业概况与趋势预测》的问世除了可以让业内同行了解国际有机产业的发展动态之外，还应该能促使业内的专家根据本书中所提供的数据和信息开展研究，分析发展动态，了解存在的问题，预测发展趋势，寻找潜在的商机，发现合作机遇，搭建合作平台。唯有如此，本书才能全面发挥其应有的作用，承担本书编写和翻译工作的朋友们也更能体会到其工作的价值。我期待在这方面能看到更多的进展。

亚洲有机农业联盟主席、国际有机农业运动联盟全球大使　周泽江

2019年3月1日

前 言

自2000年始，国际权威有机农业研究机构瑞士有机农业研究所（FiBL）和IFOAM国际有机联盟开展对全球范围有机产业发展的调研和数据统计与分析，截至2019年，已连续20年发布世界有机农业统计年鉴。随着相关工作越来越规范，信息的来源也越来越多，数据的全面性和准确性不断增强，许多政府机构、科研院所、认证机构、社会组织、有机企业和相关媒体纷纷转载和引用，可以说世界有机农业统计年鉴已得到了全球有机界的充分肯定和认可。

世界有机农业统计年鉴的专业性与权威性是毋庸置疑的，非常有必要尽快翻译成中文并对外发布。正谷（北京）农业发展有限公司（以下简称正谷）有机农业团队自2012年起已连续7年在FiBL和IFOAM国际有机联盟的支持下摘译并发布该统计年鉴的中文版，并将中文摘译版刊登在FiBL官网。此项工作为我国的有机从业者带来了大量权威的全球产业信息，使关注有机行业的中方人士能够及时了解和跟上全球有机产业发展的步伐。

2019年版世界有机农业统计年鉴《2019年世界有机农业概况与趋势预测》的翻译工作是在正谷有机农业技术中心同事们的主导下，由志愿者共同完成的。志愿者中有正谷的同事，也有对有机热爱的国内外伙伴：张友廷、邢建平、张婷婷、徐新、张建伟、潘成杰、赵惠娟、姚韫喆、徐颖、张耀匀、冯婧、王金、阴雪彤、李杰、杜天瑛、许旦妮、朱卫平、高鹏伟、安思静……在此一并感谢！

感谢《产品认证技术体系建设和示范及其对生态文明的作用（2014BAK19B06）》课题组对本书的翻译的积极支持！

2018年10月，中国农业大学经济管理学院博士生导师、国家农业农村发展研究院研究员王玉斌在考察德国农业时，通过IFOAM国际有机联盟了解到正谷正在翻译本书，也希望参与本年度的翻译工作，并希望通过经济学的视角研究有机农业在中国的发展，感谢王教授团队参与本书的部分章节的翻译。

感谢瑞士有机农业研究所（FiBL）的Helga Willer和Ecovia Intelligence的Amarjit Sahota先生，在IFOAM国际有机联盟、瑞士有机农业研究所和Ecovia Intellgence的支持下，正谷取得《2019年世界有机农业概况与趋势预测》中文翻译权，就是希望能够为进一步推动有机农业和有机产业的发展提供支撑和帮助。

感谢国家市场监督管理总局认证监管司刘卫军司长、薄昱民副司长、何小群处长和陈恩成对本书翻译工作的关注和大力支持。我们还要特别感谢IFOAM国际有机联盟亚洲主席周泽江先生！感谢周老师长期以来的耐心指导和默默支持！

读者如需了解英文版信息，可登录FiBL网站（http: //www. organic-world. net/yearbook/yearbook-2019/pdf. html）索取英文相关资料。

《2019年世界有机农业概况与趋势预测》翻译委员会

2019年3月2日

有机农业的发展原则

健康原则（Principle of HEALTH）

有机农业应当将土壤、植物、动物、人类和整个地球的健康作为一个不可分割的整体而加以维持和加强。

这一原则指出，个体与群体的健康是与生态系统的健康不可分割的，健康的土壤可以生产出健康的作物，而健康的作物是健康的动物和健康的人类的保障。

生态原则（Principle of ECOLOGY）

有机农业应以有生命的生态系统和生态循环为基础，与之合作、与之协调，并帮助其持续生存。

这一原则将有机农业植根于有生命的生态系统中，她强调有机农业生产应以生态过程和循环利用为基础，通过具有特定的生产环境的生态来实现营养和福利方面的需求。对作物而言，这一生态就是有生命的土壤；对于动物而言，这一生态就是农场生态系统，对于淡水和海洋生物而言，这一生态则是水生环境。

公平原则（Principle of FAIRNESS）

有机农业应建立起能确保公平享受公共环境和生存机遇的各种关系。

公平是以对我们共有的世界平等、尊重、公正和管理为特征的，这一公平既体现在人类之间，也体现在人类与其他生命体之间。

关爱原则（Principle of CARE）

应以一种有预见性的和负责任的态度来管理有机农业，以保护当前人类和子孙后代的健康和福利，同时保护环境。

这一原则强调，在有机农业的管理、发展和技术筛选方面最关键的问题是实施预防和有责任心。

目录

1 全球有机农业概况①

1.1 世界有机农业调查数据

2017年全球有机农业再次获得突破。瑞士有机农业研究所（FiBL）对全球范围内有机农业的最新调查共获得了来自181个国家和地区的数据。表1-1数据显示，有机农田、有机生产者数量和有机零售额的数量持续增长并达到了历史新高（截至2017年年底）。

1.1.1 世界有机农地超过6 985万公顷，其中以澳大利亚有机农地面积最大

2017年，全球以有机方式管理的农地面积，包括处于转换期的土地，共计为6 985万公顷。有机农地面积最大的两个大洲分别为大洋洲（3 590万公顷，约占世界有机农地的一半）和欧洲（1 460万公顷，21%）。拉丁美洲拥有800万公顷，11%）、紧接着

① 本章作者：Helga Willer、Julia Lernoud和Laura Kemper；翻译：张耀匀和冯婧

表1-1　2019年发布的世界有机农业关键指标和主要国家/地区

指　标	世　界	主要国家/地区
具有有机认证数据的国家	2017年[1]：181个国家/地区	
有机农地	2017年：6 985万公顷 （1999年：1 100万公顷）	澳大利亚：3 560万公顷 阿根廷：340万公顷 中国：300万公顷
占所有农地份额	2017年：1.4% （2016年：1.2%）	列支敦士登：37.9% 萨摩亚：37.6% 奥地利：24.0%
非农业用地有机面积（主要是野生采集）	2017年：4 240万公顷 （2016年：3 990万公顷 1999年：410万公顷）	芬兰：1 160公顷 赞比亚：600万公顷 坦桑尼亚：240万公顷
有机生产者	2017年：290万人 （2016年：270万人 1999年：20万人）	印度：835 000人 乌干达：210 352人 墨西哥：210 000人
市场份额		丹麦：13.3% 瑞典：9.1% 瑞士：9.0%
有机市场规模	2017年：970亿美元（约900亿欧元） （2000年：179亿美元）	美国：452亿美元；400亿欧元 德国：113亿美元；100亿欧元 法国：89亿美元；79亿欧元 中国：85.9亿美元；76亿欧元
年人均消费	2017年：12.8美元（10.8欧元） ［2016年：12.1美元（11.3欧元）］	瑞士：325美元；288欧元 丹麦：315美元；278欧元 瑞典：268美元；237欧元
已制定有机法规的国家	2018年：93个国家 （2017年：87个国家）	
IFOAM国际有机联盟会员机构数量	2018年：来自110个国家的726个会员 （2017年：来自127个国家的1 003个会员 2016年：来自121个国家的833个会员 2015年：来自117个国家的784个会员）	德国：76个会员机构 印度：47个会员机构 中国：45个会员机构 美国：43个会员机构

数据来源：2019年FiBL调查

全球市场数据：来自Ecovia Intelligence（之前称为Organic Monitor）

注1：2017年，IFOAM国际有机联盟（IFOAM-Organics International）联合瑞士有机农业研究所（FiBL）开展对全球范围有机产业发展的调研，并于2019年2月在德国Biofach展会上发布了最新数据。到2019年已经连续20年发布世界有机农业统计年鉴

为亚洲（610万公顷，9%）、北美洲（320万公顷，5%）和非洲（210万公顷，3%）。有机农地面积最大的3个国家分别是澳大利亚（3 560万公顷）、阿根廷（340万公顷）和中国（300万公顷）。全球几乎1/4的有机农业用地（1 680万公顷）和超过87%（240万）的有机生产者都分布于发展中国家和新兴市场。

1.1.2 全球范围内，有机农田占比为1.4%，其中以列支敦士登的有机农业比例最高，为37.9%

目前全球1.4%农业用地为有机农业用地。从地域上来看，在总农业用地中有机农地占比最高的两个大洲分别是大洋洲（8.5%）和欧洲（2.9%，其中欧盟的有机农地占比为7.2%）。然而，一些国家的有机占比份额远远高于以上数据，列支敦士登（37.9%）和萨摩亚（37.6%）的有机农地占比最高。在14个国家中，至少10%的农业用地是有机耕作的。

1.1.3 有机农地面积增加1 170万公顷，增长率为20%，创造新纪录

2017年有机农地增加了1 170万公顷，增长率为20%，创下了有史以来的最大增长幅度。其中造成增长的主要是因为澳大利亚上报的有机农地增加了850万公顷。同时，其他国家报告的有机农地面积增长也对全球有机农地面积增长做出了重要贡献，如中国（有机农地增加超过70万公顷，涨幅32%），阿根廷（增加超过40万公顷，涨幅12%），以及俄罗斯和印度（二者都增长了30万公顷）。各个地区的有机农业用地也都有所增加。在欧洲，有机农地增长了近100万公顷（增幅7.6%）。在亚洲，有机农地面积增加了120万公顷，增长了近30%；在非洲，有机面积增长超过20万公顷，涨幅14%；在拉丁美洲，有机农地面积增加约50万公顷，涨幅7%；在北美洲则增加了近10万公顷，涨幅3%。

除了有机农业用地外，还有专门用于其他生产形式的有机土地，其中大部分面积为野生采集和养蜂业用地。其他非农业用地的生产形式还包括水产养殖、森林和天然牧场。这些非农业用地面积总计超过4 240万公顷。

1.1.4 有机生产者数量在增加，2017年有290万名有机生产者

2017年，全球有机生产者至少为290万人[①]。其中，40%的有机生产者分布于亚

---

① 请注意有些国家当中仅上报公司、项目或种植者组织的数量。这些组织或群体中可能各自包含许多个体生产者。因此，有关生产者数量的数据应被谨慎使用，并且应假设有机生产者的总数实际高于此数量

洲，其次是非洲（28%）和拉丁美洲（16%）。有机生产者数量最多的3个国家分别是印度（83.5万人）、乌干达（21万人）和墨西哥（21万人）。与2016年相比，有机农业生产者数量增加了超过10万人，增幅将近5%。

1.1.5 所有主要作物面积均有所增长

统计中，超过90%的有机农业用地，上报了详细的土地利用和作物种植情况。遗憾的是，一些拥有较大有机农地面积的国家，如巴西和印度，还缺少土地使用方面的详细信息。超过2/3的农业用地是草原或放牧区域（近4 820万公顷），是2017年的所有土地利用类型中的面积增长最快的（27%）。有机耕地面积自2016年以来增长了近11.3%，总量超过1 200万公顷，占有机农业用地的17%。在有机耕地这一土地使用类型中，大部分土地被用于种植谷物类作物，包括水稻（450万公顷），其次是青饲料（280万公顷）、油料作物（120万公顷）、干豆类和蔬菜。多年生作物占有机农业用地的7%，总面积近490万公顷。与之前的调查数据相比，增长了超过30万公顷，增幅达到6.7%。最重要的多年生作物有咖啡和橄榄，种植面积均近90万公顷，各占多年生作物有机农地的近20%，其次是坚果（60万公顷），葡萄（40万公顷）和热带及亚热带水果（近40万公顷）。

由纺织品交易所提供的有机棉花的详细信息显示，在2016/2017年度生长季期间，全球有47.3万公顷有机棉花用地，由22万个农民生产出了11.8万吨有机棉花。目前有18个国家生产有机棉花，但全球96%的有机棉花供应主要来自7个国家。印度仍然是迄今为止最大的有机棉花生产国，占总产量的一半以上，其次是中国、吉尔吉斯斯坦、土耳其和塔吉克斯坦。

在讨论到自愿可持续性标准（VSS）时，最近一项对14项标准（包括有机标准）的调查显示，在2016年，自愿可持续性标准覆盖面积持续增长，选定的作物和标准至少覆盖面积为1 500万公顷以上。自2011年以来，所有标准认证的作物覆盖面积都取得了一定的增长。其中最成功的商品是咖啡，全球有至少25.8%的咖啡种植区域被至少一种标准所认证。

1.1.6 全球有机市场销售额已达到970亿美元

根据Ecovia Intelligence的数据，2017年有机市场（食品和饮料）的销售总额达到了970亿美元[①]。虽然有机食品销售额正以稳健的速度继续增长，但其中仍存在一些持久的挑战。其中包括标准数量的增加，集中化的需求（约90%的销售额来自北美洲和欧洲），供应短缺以及竞争激烈的生态标签，等等。

在2017年，最大的有机产品市场依然是美国（451.9亿美元）、德国（113亿美元）和法国（89.2亿美元）。最大的单一市场依然是美国（约占全球总额的47%），其次是欧盟（387.5亿美元，占比37%）和中国（85.9亿美元，占比8%）。2017年全球有机食品最高人均消费国为瑞士和丹麦，人均消费水平约为338.9美元。有机食品市场份额最高的国家为丹麦（13.3%），是第一个有机市场占有率超过10%的国家。随后是瑞典（9.1%）和瑞士（9%）。

1.2　各地区有机农业概况

1.2.1　非　洲

2017年，非洲通过有机认证的农地面积将近210万公顷。与2016年相比，非洲有机农地面积增长了将近25.5万公顷，涨幅约为14%。非洲的有机生产者至少为81.5万人。突尼斯是非洲有机农地面积最大的国家（约30.7万公顷）；拥有有机生产者数量最多的国家是乌干达（超过21万）。有机农地占比最高的国家是圣多美和普林西比，该国18%的农地为有机农地。非洲绝大部分的有机认证生产用于出口。主要的作物有咖啡、橄榄、坚果、可可、油料作物和棉花。在非洲，2个国家已拥有有机农业相关法规，7个国家正在草拟有机法规，9个国家拥有有机标准但是并没有相关有机法规。

在2018年，有机生产继续得到政策制定者的更多认可，在2018年11月在塞内加尔达喀尔举行的第四届非洲有机会议上，这一点也得到了证实。包括农民、科学家、政策制定者和有机企业家在内的来自超过30个国家的160名与会者，共同认可了生态有机农业（EOA）在实现非洲联盟议程2063和可持续发展目标（SDGs）方面发挥着重要的作用。在萨利宣言中，与会者建议所有成员国应加大在产生和传播信息方面的努力，推进生态有机农业的发展，并提供可促进金融机构参与加入改善有机农业融资渠道的解决方案。

---

① 根据欧洲中央银行的数据，2017年，1欧元=1.129 7美元

1.2.2 亚 洲

2017年亚洲有机农地总面积将近610万公顷。有机生产者的数量约110万，绝大多数分布在印度。有机农地面积最大的国家是中国（300万公顷）和印度（将近180万公顷）；东帝汶的有机农地占比最高（8.7%）。在亚洲22个国家拥有有机农业法规，还有6个国家正在起草相关法规，9个国家拥有有机标准但是并没有相关有机法规。

从历史上看，亚洲最重要的有机消费市场是日本和韩国。然而，最近大多数的增长和发展都发生在中国，使其成为2017年该地区最大的有机市场（858.6万美元），印度也是如此。在亚洲，各国正在从出口型转向于国内市场。在国家层面，孟加拉国和越南等国家批准了国家有机标准，而柬埔寨则发布了计划书促进有机农业发展。在中国、菲律宾和韩国，国家有机标准则被重新修订。韩国实施了一个政策框架以实现诸如直接支付计划等政策。在关于“2010年有机农业法案”—RA10068的修正案中，菲律宾将参与式保障体系（PGS）放在首位，PGS在印度尼西亚同样保持强势。在泰国，政府启动了一个支持项目，即在3年内转化超过10万公顷有机稻米土地的大型项目。

第一届由泰国商务部赞助的Biofach（国际有机食品博览会）在东南亚成功举办，同时第三届亚洲有机会议在菲律宾比斯利格市举行，来自亚洲24个国家和其他地区的超过1 300名与会者参加了此次会议。2018年，IFOAM-亚洲的两个最大项目——亚洲有机农业地方政府（ALGOA）项目和有机青年论坛——都取得了重大进展。亚洲有机农业地方政府项目成员达到了204个，数量增加了两倍。有机青年论坛的关注度也正在增加，新北市被确定为下一届论坛的举办地，举办日期定在2019年3月26—31日。

1.2.3 地中海地区

2017年，地中海地区的有机认证总面积超过900万公顷，其中750万公顷为有机农业面积。有机农业始于20世纪80年代中期地中海南部和东部的一些国家，主要由欧洲看到了该方向发展潜力的一些投资者推动。直到21世纪初，在相关部门公布第一份综合数据和信息前，有机农业的发展仍然缓慢而局限。它的发展可能要归功于1999年地中海有机农业网络（MOAN）的建立，其开展了年度调查并将统计结果在区域和国际中共享。从那时起，相关信息和统计数据的质量、可用性和可靠性获得了持续的改善。

1.2.4 欧　洲

截至2017年年底，欧洲有机农地的面积有1 460万公顷（欧盟约1 280万公顷），有机生产者约39.7万人（欧盟超过30.5万人）。欧洲有机农地的比例为2.9%（欧盟为7.2%）。与2016年相比，有机农地面积增加了超过100万公顷。欧洲有机农地面积最大的国家是西班牙（约210万公顷）、意大利（190万公顷）和法国（170万公顷）。有10个国家的有机农地比例超过10%，最多的是列支敦士登（37.9%），其次是奥地利（24%）和爱沙尼亚（20.5%）。2017年有机产品销售额达到约421.4亿美元（欧盟387.5亿美元），比2016年的销售额增长了10.5%。2017年，德国是欧洲最大的有机产品市场，有机产品销售额约为113亿美元，法国紧随其后（销售额为89.2亿美元），意大利位列第三，销售额为35亿美元。欧洲有42个国家制定了有机农业立法，1个国家正在起草立法。俄罗斯和乌克兰都在2018年批准了他们的有机法。

2018年的一个重要里程碑是5月发布了新的欧盟有机产品生产和标签规则。欧洲有机食品和农业运动组织呼吁欧盟机构和利益相关方在未来两年内共同努力制定实施和授权法案。2018年6月，欧盟委员会发布了2021—2027年期间共同农业政策（CAP）的提案。欧洲有机部门对该提案表示了支持，并呼吁将提案中用于环境保护和气候行动预算的最低份额划给有机农业部门。在研究方面，欧盟启动了如有机农业知识平台（Organic-Farmknowledge.org）等几个主要项目，该项目促进了欧洲科学研究和实践领域之间的交流。

1.2.5 拉丁美洲和加勒比海地区

2017年，拉丁美洲和加勒比海地区有将近46万的以有机生产者管理着超过800万公顷的农业土地，该面积占整个地区农地总面积的1.1%，世界有机农地总面积的11%。该地区拥有有机农地最多的国家是阿根廷（340万公顷）、乌拉圭（190万公顷）和巴西（110万公顷）。有机农地占比最高的国家是乌拉圭（13%），其次为法属圭亚那（10%）和多美尼加共和国（8.7%）。许多拉美国家依然是有机产品如咖啡、可可和香蕉的重要出口国：在阿根廷和乌拉圭，温带水果和猪肉为重要的出口商品。此地区20个国家拥有有机农业相关法规，2个国家正在起草有机法规。

在该地区，有机市场呈现出积极的发展态势，保持着对国内外的市场的高需求量。该地区有机市场最大的国家是巴西。墨西哥、巴西、智利、巴拉圭、玻利维亚和阿根廷都有本国的国家标记来区分产自本地的有机农产品。在许多拉丁美洲和加勒比海地区国家，其国内的有机市场都包含了很大程度的社会功能，并提供了许多与商业相结合的机会，为成千上万的小农家庭和私营部门带来了利益，在这之中，参与式保障体系发挥着重要作用。2018年，智利与欧盟之间达成了有机等效协议。

1.2.6 北美洲

2017年，北美洲有机方式管理的农地面积约为320万公顷。其中美国有机农地面积约200万公顷，加拿大120万公顷。该地区有机农地占全部农地的0.8%。

美国有机产业的发展持续创造新纪录。美国消费者使用了比以往都多的有机产品，这使有机产品获得了更多的市场份额，并同时并刷新了历史纪录。2017年，美国有机产品销售额达到了490亿美元（452亿美元来源于有机食品的销售），比2016高出了35亿美元的销售量。在美国，目前有机食物的销售额占总食品销售额的5.5%。“2018农业改善措施”为有机农业研究创建了长期性资金支持，并在改善全球有机贸易监管和保障有机产业完整性方面取得了重大进展。有机贸易协会发布了一项推进企业自发投资有机研究、推广和教育的检查项目。该项目已发出呼吁，要求利益相关方在2019年4月之前提交设想与建议，为有机未来发展建言献策。

尽管国内农场总数出现下降，加拿大有机产业仍呈现明显的增长势头。2017年加拿大国内有机市场零售总额（包括食品和非食品）为41.7亿美元①，在2012年，加拿大有机销售总额为27亿美元。复合年增长率为8.7%。加拿大联邦政府重新规划了有机科学集群的研究资金，投资640.4万美元给加拿大有机农业中心（OACC）用于开展有机研究。该投资包括来自企业投资的额外339.5万美元。

1.2.7 大洋洲

大洋洲包括了澳大利亚、新西兰和太平洋岛国，共有约2.7万有机农业生产者，管理着3 590万公顷的有机农地。该地区有机农地面积占该地区总农地的8.5%，占世界有机农地的一半。该地区99%以上的有机农地分布在澳大利亚（3 560万公顷，大部分为广袤无垠的牧场），其次是萨摩亚（超过10.6万公顷）和新西兰（近8.9万公顷）。有机农地占比最高的国家是萨摩亚群岛，约有37.6%的土地进行有机种植；其次是澳大利亚（8.8%）、瓦努阿图（8%）、汤加（4.8%）和基里巴斯（4.7%）。大洋洲有5个国

① 根据欧洲中央银行的数据，2017年，1加元=0.771 6美元

家有关于有机农业的立法，有11个国家有国家标准，但没有有机立法。

2017年，澳大利亚认证的有机管理的牧区土地面积增长率进一步提高，使有机认证总面积达到3 500多万公顷，超过90%的农田是未经改良的牧场。澳大利亚国内生产有机产品的市场总值估计为18.4亿美元①（零售和出口）。近期澳大利亚有机产业有一项重大成就，便是南十字大学成立了一个有机研究中心。

区域和国家组织发展机构越来越认识到在太平洋岛屿背景下，有机农业具有重要的发展价值。诸如太平洋有机旅游、酒店标准，以及太平洋在线有机政策工具包等创新发展正在吸引着从有机农民到政策制定者的兴趣。该地区的有机农民数量继续增长，并且参与式保障体系（PGS）的发展速度超过了第三方认证。随着旅游和酒店业开始将有机和可持续发展视为太平洋岛屿标志的一部分，可以预期有机产品的本地市场也将开始逐步扩大。

1.3 标准、法规和政策支持

根据FiBL对相关标准和立法的调查统计显示，在2018年已有93个国家制订了有机标准，16个国家正在起草相关法案。非洲、亚洲和大洋洲至少有29个国家采用了有机农业的国家或区域标准。欧盟（EU）通过了新的有机法规的基本提案，该法案将于2021年生效。预计在2019年至2020年，关于授权和实施生产、调控和贸易行为的二级法案将会起草和确立。2018年，俄罗斯通过了针对有机生产的相关法律，该法案将于2020年生效。乌克兰于2018年8月通过《有机法》的审议，并且它将于2019年8月起开始生效。在白俄罗斯，关于有机法案的谈判已经到达最后阶段，预计将在2019年初开始实施。

虽然有机农业这个概念已经存在了将近100年，但直到20世纪80年代中期后，它才正式引起了消费者、环保主义者、农民和执政者的关注。有机标准最初由民间（主要是有机农民组织）发起，并在20世纪80年代开始成为立法程序的一部分，从而推动形成了国家和地区有机法规，有助于促进国际贸易。与此同时，越来越多的政府开始着手于从其他层面共同支持有机农业，越来越多的政府政策和项目支持有机农业发展，如补贴计划、市场开发支持、能力建设和研究投资。近期，市政当局和城市在支持有机部门的发展上发挥了越来越大的作用，并且针对城市地区可持续增长和发展的更大目标进行立法。

参与式保障体系（PGS）是面向本地的质量保证系统，并被认为是第三方认证的低

① 根据欧洲中央银行的平均汇率计算，2017年，1澳元=0.767 1美元

成本替代方式，以及开发有机农产品当地市场的有效工具，尤其适用于小规模农户。根据IFOAM国际有机联盟进行的2017年全球PGS调查数据，66个国家已成立PGS组织，全球至少有31万名农民已加入PGS组织中，其中主要包括小型农户和小型加工商。据估计，全球目前至少有241个PGS组织，其中127个已全面投入运行。

1.4 展　望

通过有机农业的推广应用，IFOAM国际有机联盟促进了可持续粮食生产系统的发展。2017年，新通过的IFOAM战略旨在将有机农业和整个农业推向更高水平的可持续发展，从而为更多可持续发展目标（SDGs）服务。

1972年IFOAM国际有机联盟在法国成立，而正在筹备中的2020年有机世界大会也在法国举办。这一次，它将把全球有机行业带回到自己的发源地。因此，这场大会的主题确立为“植根于斯，有机激发生命”①。

1.5 瑞士有机农业研究所（FiBL）的下一年度全球有机农业调查

下一年度的全球有机调查将于2019年中旬开始，并且将于2020年2月发布数据结果，同时在德国纽伦堡Biofach有机博览会上展示。我们将联系所有相关专家，如果您能够将数据提供给我们，我们不胜感激。如果您在本书中发现有关统计数据的任何错误请通知我们，我们将更正数据库中的信息，并在《2020年世界有机农业概况与趋势预测》中提供更正后的数据。更正数据也将发布在www.organic-world.net网站上。

联系方式：julia.lernoud@fibl.org和helga.willer@fibl.org

① 2020年有机世界大会的英文主题为“From its root, organis inspires life”

2 全球有机农业现状

2.1 全球有机农业面积、从业者和市场现状[①]

第二十次全球范围内的有机农业认证调查由瑞士有机农业研究所（FiBL）联合全球合作伙伴共同完成。调查结果由FiBL和IFOAM国际有机联盟联合发布，并获得来自瑞士国家经济事务秘书处（SECO）、国际贸易中心（ITC）、瑞士COOP可持续发展基金会、以及纽伦堡展会公司的支持。

数据共由200多个专业组织及个人提供。数据的收集工作由政府部门、民间组织、认证机构以及市场调研公司完成。其中，特别强调如下国际性认证机构的贡献，他们提供了许多国家的数据：BCS、CERES、Certisys、Control Union、Ecocert、ICEA、LACON、Quality Certification Services（QCS），以及Soil Association。地中海国家的数据由地中海有机农业网络（MOAN，巴里地中海农业研究所）提供，太平洋群岛的数据由太平洋有机和道德贸易社区提供（POET.com）。

总体而言，此次调查得到了181个国家或地区的数据（表2-1）。冈比亚、几内

① 本章节作者：Julia Lernoud和Helga Willer；翻译：姚韫喆；作图：赵惠娟

亚、毛里塔尼亚，以及马约特岛都是新增数据的国家。而白俄罗斯之前一直在提供该地区的数据，但是2017年未提供最新数据。146个国家提供了有机农地面积的更新数据。然而，对于一些国家而言，其更新的数据仅仅是在有机农地面积方面，而对于农场数量、耕地使用情况或其他一些指标的数据则无法获得。另外，FiBL会从认证机构获得部分国家的数据，但并不是所有认证机构都提供了更新数据。

当最新的数据无法获得时，就会沿用之前调查的数据。

收集的数据指标包括：有机农地面积，按国家和国别小组分类，包括农作物的分类；畜禽数量；生产的数据（产量和价值）；生产者和其他经营者的类型；国内市场数据（总零售额和交易量、人均消费、市场份额，以及各类产品情况）；国际贸易数据（总进出口贸易额和贸易量，以及各类产品的情况）。

由于不能获得完整的全球信息，一些统计了的指标未能在本书中发布（例如，产量、畜禽数量、有机产品细分的国内市场和国际市场交易数据）。更多信息可在statistics.fibl.org网站上查询。

表2–1　2017年有机农业全球调查涵盖的国家和地区

范　围	提供数据的国家与地区数量（个）	该范围国家与地区总数（个）①	提供数据的国家与地区占比（%）
非　洲	44	56	79
亚　洲	41	49	84
欧　洲	47	49	96
拉丁美洲及加勒比海地区	33	46	72
北美洲	3	5	60
大洋洲	13	25	52
全　球	181	230	79

数据来源：2019年FiBL调查；更多国家与地区的信息可参阅UNSTAT的网页http://unstats.un.org/unsd/methods/m49/m49.htm

2.1.1　对于数据的总体说明

有机面积：数据表示已认证的有机农地面积，是指已通过认证或者正在转换期中的土地，因为很多数据来源无法区分这两者或不包含后者（例如奥地利、德国和瑞士），并且处在转换期中的土地也在有机方式下管理着。关于有机农业的定义，请见

① 国家与地区数量统计是基于联合国粮食及农业组织（FAO）发布的国家列表，详见http://www.fao.org/faostat/en/#data/RL

IFOAM国际有机联盟网站。

转换期数据：有些国家的数据来源于不同的认证机构，并不是所有的认证机构都提供了转换期的相应数据。因此，处于转换期的土地面积和通过有机认证的土地面积总和与有机农业管理下的总面积有所差距。

占全部农地的比例：有些国家的有机农地占全部农地的比例或者占单品作物的比例是基于FAOSTAT的数据或Eurostat计算的。由于数据来源的不同，计算的比例可能会跟当地政府部门或专家提供的数据有所差异。

PGS：从2011年起，有些国家也提供了参与式保障体系认证的面积。

国家：对于国家与地区，使用了国际粮食及农业组织的国家列表，本书中所指的“国家”包括国家和领土。按区域划分的国家大多数情况下使用了联合国统计司确定的国家和地区代码分类。

数据来源：数据从民间机构、政府、认证机构等处获得。

直接的年际比较：因为数据来源可能存在变化，直接的年际间的比较不适用于所有数据，有些数据也不是每年都会更新或者数据比以前容易获得，数据交换的频率也会变化。

生产者数据的完整性：一些国家提供了小农户的数量，而有的仅提供了公司、项目或种植者的数量，这会使得生产者数量有偏差。该类情况在非洲国家出现的比较多。因此，实际的生产者数量应该会比在本书中发布的数量要多。

国内市场数据的可比性：值得注意的是在不同国家中市场和贸易数据使用的统计方法不同，因此难以做比较。

数据修订：数据修订和更正发布在www.organic-world.net/statistics网站上。

元数据：FiBL全球有机农业调查元数据公布在Organic Eprints，网址为http://orgprints.org/31359。

2.1.2 有机土地

2.1.2.1 有机农业用地

2017年，全球有机农地面积为6 985万公顷。

拥有最多有机农地的地区是大洋洲，为3 590万公顷；其次是欧洲（1 460万公顷）、拉丁美洲（800万公顷）、亚洲（约610万公顷）、北美（320万公顷）以及非洲（210万公顷）。

大洋洲的有机农地数量占全球总量的一半。欧洲的有机农地数量在近些年一直保持非常稳定的增长，目前超过了全球有机农业用地的20%；随后是拉丁美洲，占全球有机农地的11%（图2-1）。

澳大利亚的有机农地数量在2017年继续增长（增长了850万公顷），是目前拥有有机农地最多的国家，其中97%都是广阔的草原。阿根廷位于第二位，美国则是第三。拥有有机农地面积的前十位国家总共有近5 500万公顷有机农地，占世界有机农地的3/4（图2-2）。

除了有机农业用地，还有其他的有机区域，例如野生采集区域。这些区域的面积共有超过4 240万公顷。

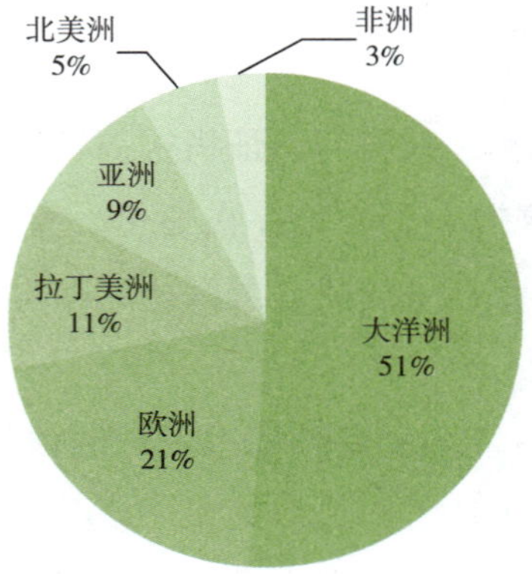

图2-1　2017年全球有机农地分布

数据来源：2019年FiBL调查

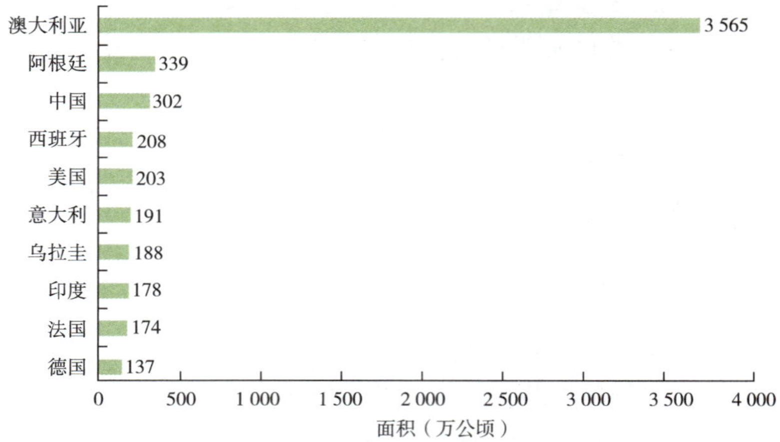

图2-2　2017年有机农地面积位列前十位的国家/地区

数据来源：2019年FiBL调查

2.1.2.2 有机农地比例

世界有机农地面积占总农地面积的1.4%。按照地区划分，有机农地比例最高的是大洋洲（8.5%），其次是欧洲（2.9%），以及拉丁美洲（1.1%）。欧盟拥有7.2%的有机农业用地面积。而在其他区域，有机农地比例不足1%。

而很多国家的有机农地的比例相对较高。其中，有14个国家用于有机生产的土地超过10%，大部分是欧洲国家（图2-3）。

拥有最高有机农地比例的国家是列支敦士登和萨摩亚，前者近乎38%的土地是有机管理。有趣的是很多岛国都有很高的有机农地比例，例如萨摩亚、圣多美和普林西比。

但是，在能够获得相关数据的国家当中，56%的国家拥有不到1%的有机农业用地（图2-4）。

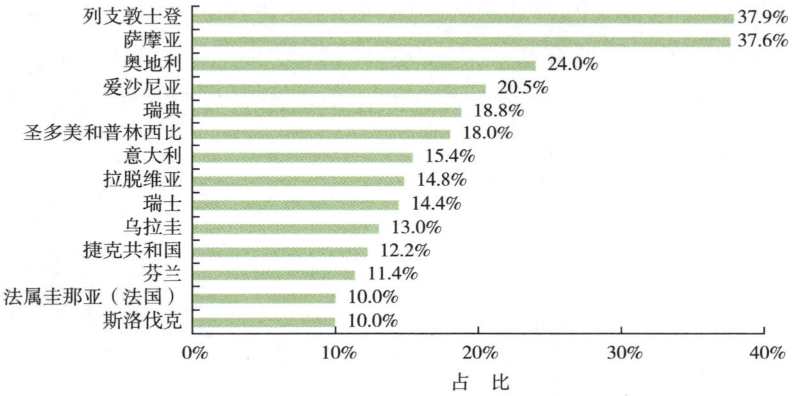

图2-3 2017年有机农地占比10%以上的国家/地区

数据来源：2019年FiBL调查

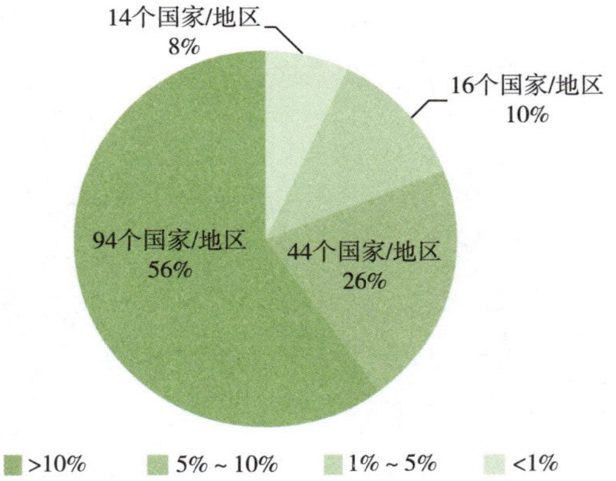

图2-4 2017年全球有机农地占比分布情况

数据来源：2019年FiBL调查

2.1.2.3 有机农地的增长

与1999年只有1 100万公顷的有机农地相比，目前全球有机农地的数量已经增长了5倍。2017年有机农地的面积比2016年增加了1 170万公顷（增幅将近20%），这主要是由于澳大利亚的有机农地面积增加了850万公顷。当然，其他许多国家有机农地面积也有重要增长，这也为全球性的增长做出了贡献，例如，中国增长了超过70万公顷（增幅32%），阿根廷增长了近乎40万公顷（增幅12%）。除此之外，俄罗斯和印度的有机农地面积都有显著增长，前者增加了34万公顷，后者增加了30万公顷（增幅近20%）。

2017年，所有区域的有机农业用地面积都有所增长。大洋洲的绝对增长最多（增加850万公顷，增幅31.3%），其次是亚洲（增加120万公顷，增幅24.9%），再次是欧洲（增加100万公顷，增幅7.6%）。

93个国家的有机农地面积都有不同程度的增长，同时也有36个国家/地区报告了有机农地面积的减少。另外，还有40个国家/地区的数据没有变化或未更新。

图2-5至图2-7包含了往年数据，因为FiBL数据库的数据有部分修订和增加，这些数据可能和原来报告的数据不符。

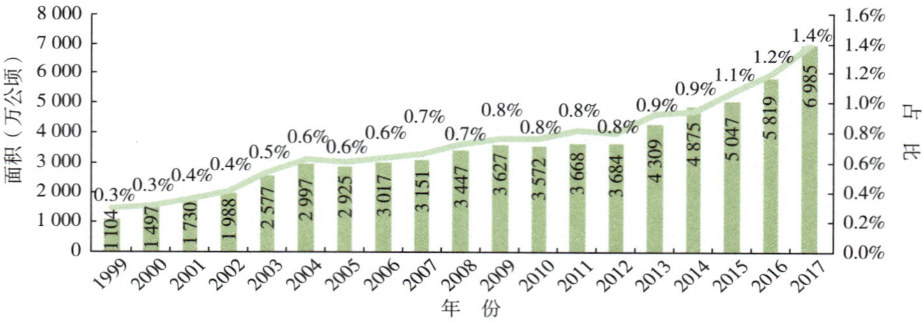

图2-5 1999—2017年全球有机农地面积和占比发展情况

数据来源：2000—2019年FiBL-IFOAM-SOEL调查

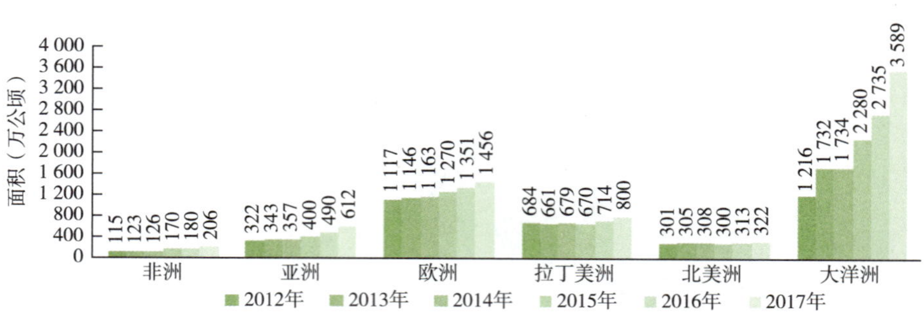

图2-6 2012—2017年各洲有机农地发展情况

数据来源：2000—2019年FiBL-IFOAM-SOEL调查

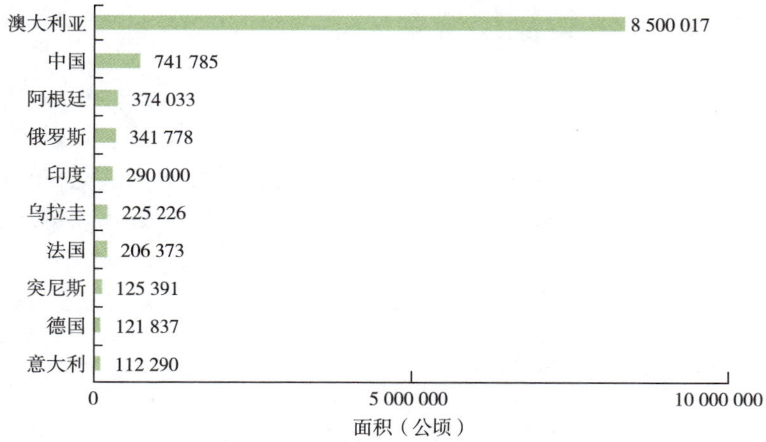

图2-7　2017年有机农地增长量位列前十位的国家/地区

数据来源：2019年FiBL调查

2.1.2.4　其他用途的有机用地

除了有机农地外，还有其他用途的有机用地。其中最大的就是野生采集区和养蜂区。其他非农业的有机用地还包括水产、林区和牧场。这些区域的总面积是4 240万公顷。全球有机面积共有1.1亿公顷（图2-8）。

需要注意的是，很多国家并没有提供非农业有机用地的数据。因此，我们只能假设其他数据是不完整的，特别是水产养殖和森林用地。

对于有机水产和蜜蜂养殖来说，其他的指标（产量和蜂巢数量）比面积更有参考价值，而且有机水产和蜜蜂养殖的重要性无法用面积来计量。

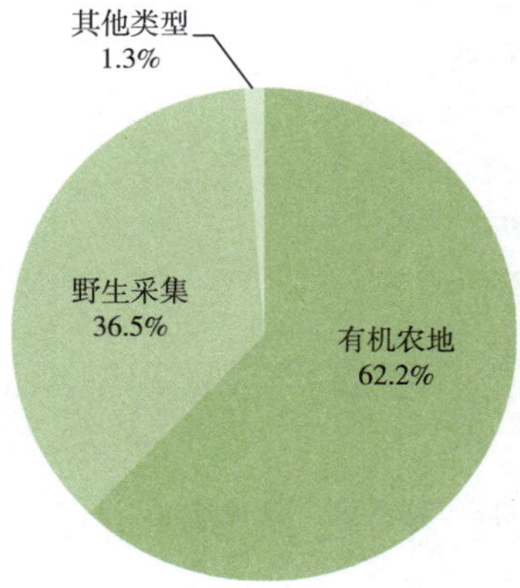

图2-8　2017年全球有机用地面积分布情况（总计1.1亿公顷）

数据来源：2019年FiBL调查

2.1.3 有机生产者和其他经营者类型

2.1.3.1 生产者

目前，全球有超过290万名有机生产者。根据得到的数据，超过80%的生产者位于亚洲、非洲和拉丁美洲（图2-9）。拥有最多有机生产者的国家是印度，其次是乌干达与墨西哥（图2-10）。

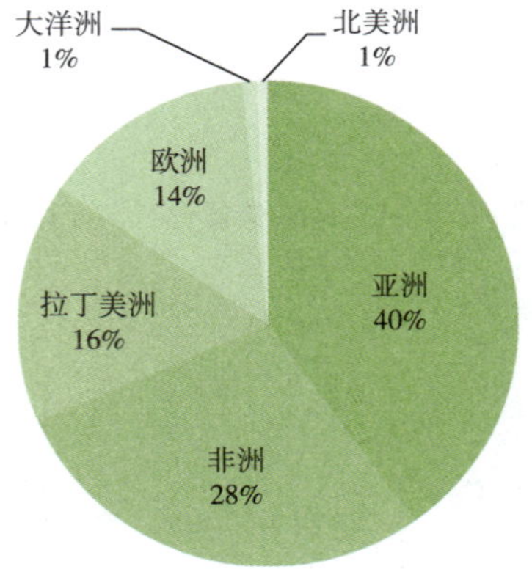

图2-9 2017年全球有机生产者分布情况（总计290万名生产者）

数据来源：2019年FiBL调查

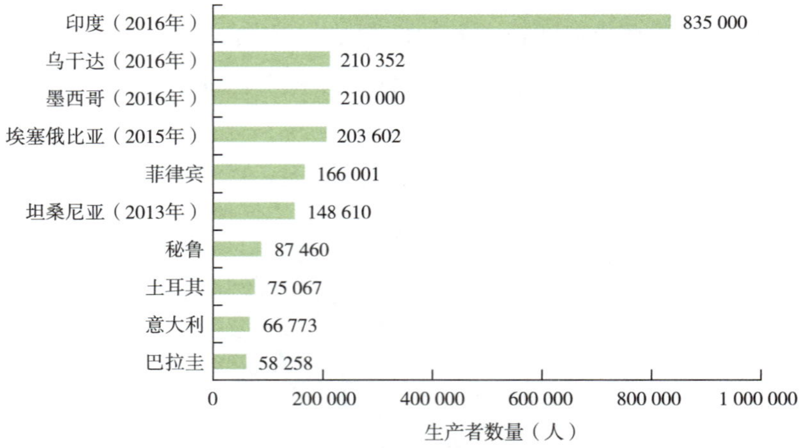

图2-10 2017年有机生产者数量位列前十位的国家/地区

数据来源：2019年FiBL调查

与2016年相比，生产者数量增长了将近13万人，增幅4.7%。2017年，多哥、泰国、布基纳法索和印度尼西亚的有机生产者数量有明显增加，这4个国家构成了全球有机生产者数量增长的主要部分。

要统计有机农场的准确数量仍比较困难，原因如下：①调查只提供企业、项目或生产者组织数量，而上述3种可能是由很多独立生产者组成的；②调查未提供有机生产者数量的任何数据；③如果有野生采集区域，调查数据包括野生采集者；④调查提供从事每种作物生产的生产者数量，但有可能同一个有机生产者种植多种作物。

所以，有机生产者的数量应该谨慎对待。另外，可以设想实际的有机生产者总数可能比报告中的数量要高。

2.1.3.2 其他经营者类型

根据其他有机经营者类型的数据，全球有将近8.8万的加工商和约5 900个进口商，大部分分布在欧洲。然而，不是所有国家提供了加工商、进出口商或其他经营者类型的数据。例如，美国的该类数据就有缺失，所以实际的数据会比统计的数据要高很多。

更多经营者类型包括蜜蜂养殖户、进出口商、小农户、水产养殖企业以及采集者（野生采集）。

2.1.4 零售额与国际贸易数据①

2.1.4.1 零售额

Amarjit Sahota展示了有机市场的全球趋势并给出了大量背景信息（第4章），本章节主要展示了根据FiBL对有机农业的调查而给出的各国市场相关数据。总零售额中包含了超过56个国家的数据，涵盖了有数据国家数目的30%以上，这也说明有很多从事有机农业活动的国家并未提供相关信息。

美国是最大的有机食品市场（451.9亿美元），紧随其后的是德国（113亿美元）、法国（89.2亿美元）和中国（85.9亿美元）（图2-11）。最大的单一市场是美国，其次是欧盟（387.5亿美元）和中国。从地域的角度来看，北美遥遥领先（485.8亿美元），其次是欧洲（421.4亿美元）和亚洲（图2-12）。

2017年全球有机市场零售额位列前十位的国家/地区见图2-13。

① 由于统计方法不同，此部分与第4章中一些指标的数据不同

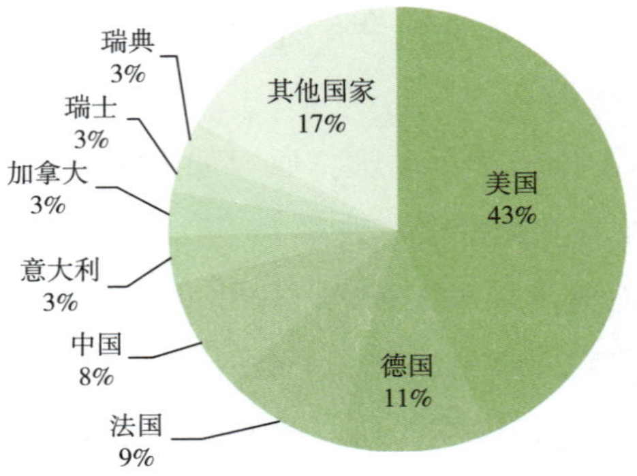

图2-11　2017年各国/地区有机食品销售额分布

数据来源：2019年FiBL-AMI调查

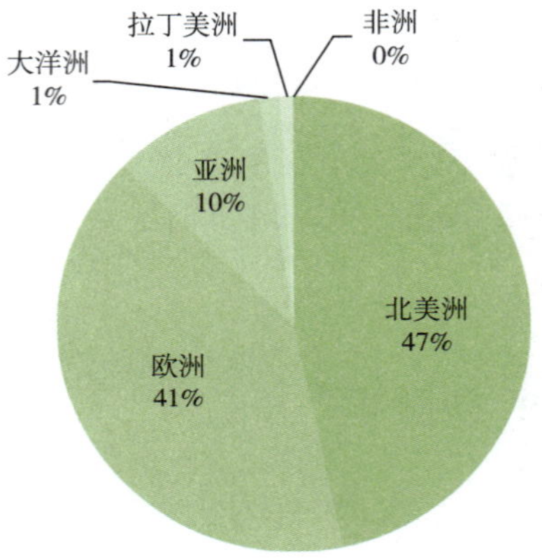

图2-12　2017年有机食品区域销售额分布

数据来源：2019年FiBL-AMI调查

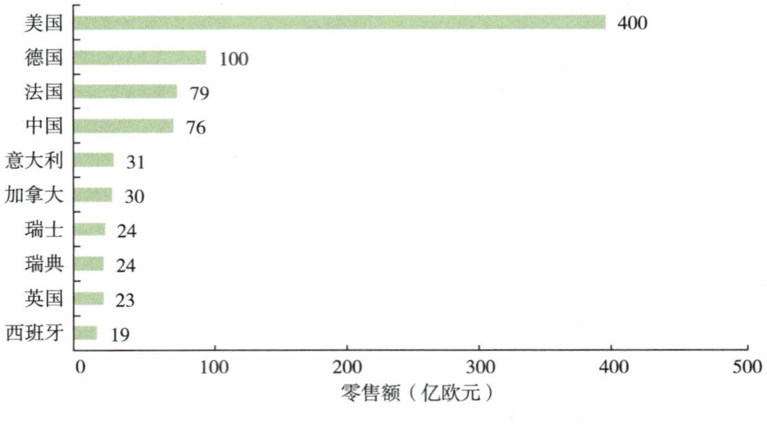

图2-13　2017年全球有机市场零售额位列前十位的国家/地区

数据来源：2019年FiBL-AMI调查

提供2017年市场数据的所有国家中，很多都可以看到增长的趋势，有些国家甚至有两位数的增长。法国是增长最快的国家，市场增长均达到了18%。西班牙的市场增长率为16.4%，而列支敦士登和丹麦则均超过了15%。

按大洲来说，北美洲的人均消费最高（134.4美元）。如果按照国家排名，欧洲国家则有最高的人均消费。2017年，全球人均消费最高的国家是瑞士（288欧元，325.4美元），丹麦（278欧元，314.1美元）和瑞典（237欧元，267.7美元）分列第二、第三位（图2-14）。有机食品所占市场份额的领头国家是丹麦（13.3%），接下来是瑞典（9.1%）、瑞士（9.0%）、奥地利（8.6%）和卢森堡（7.3%）（图2-15）。

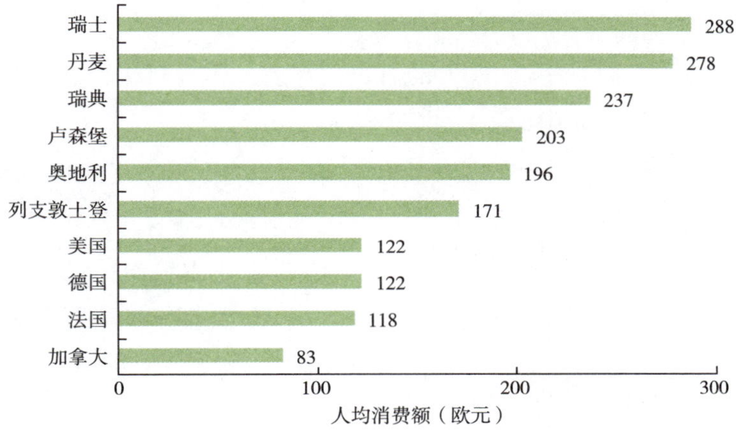

图2-14　2017年全球有机食品年人均消费位列前十位的国家/地区

数据来源：2019年FiBL-AMI调查

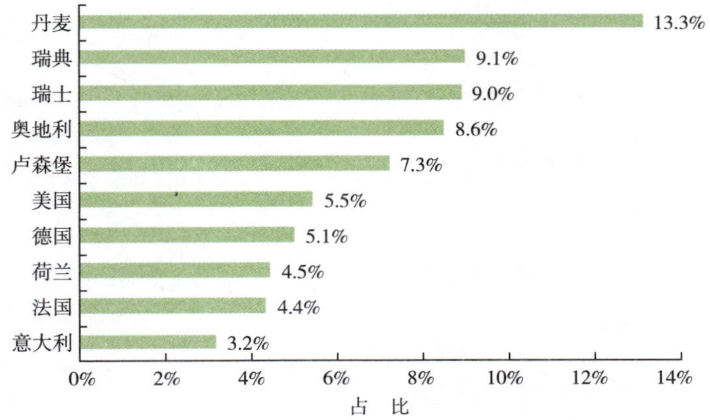

图2-15　2017年全球有机食品份额位列前十位的国家/地区

数据来源：2019年FiBL-AMI调查

2.1.4.2 出口数据

越来越多的国家可以提供国际贸易的相关数据。这些数据可以用进口/出口量（吨）或者进口/出口额表示。一些国家同时也提供了单品作物和产品的详细数据。超过52个国家提供了出口额。

2.1.5 发展中国家和新兴市场的有机农业

经济合作与发展组织（OECD）的发展援助委员会（DAC）提供了讨论“援助、发展与扶贫”等问题的平台。我们在这一部分根据发展援助委员会（DAC）分析了受官方发展援助（ODA）的国家。

DAC列表上的国家拥有超过250万的有机生产者（占有机生产者总数的87%），并且拥有近全球1/4的有机农业用地（1 680万公顷）。

如果将野生采集和蜜蜂养殖也计算在内，总面积为4 230万公顷。DAC列表国家中有将近一半的农业用地位于拉丁美洲国家（将近800万公顷），分列第二和第三的是亚洲（610万公顷）和非洲（210万公顷）。拥有有机农业用地面积最大的国家，按排名是阿根廷、中国、乌拉圭、印度和巴西。无疑，他们大部分都是国土面积较大的国家（图2-16）。

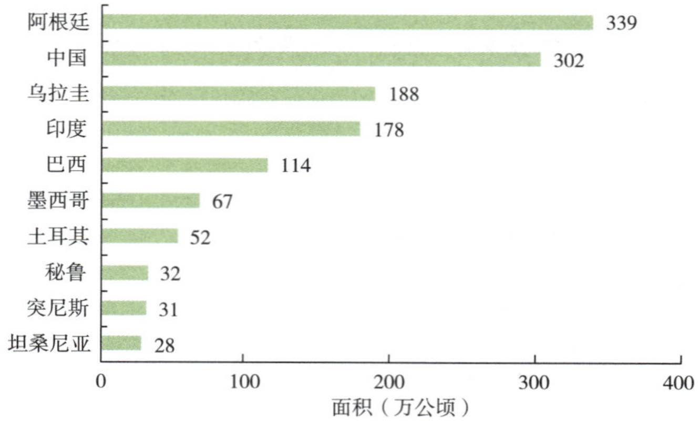

图2-16 DAC名单中2017年有机农地面积前十位的国家/地区

数据来源：2019年FiBL调查

然而，计算有机农业用地占种植总面积的比例时，排名就会有变化（图2-17）。拥有最高比例有机农地的国家是萨摩亚（37.6%）、圣多美和普林西比（18%）和乌拉圭（13%）。目前为止拥有最大有机种植面积的阿根廷（340万公顷），仅列第16名。

DAC名单上的前十位国家的有机农地比例可以与一些欧洲国家相媲美，这样的高比例可以归因于他们较大的生产潜力和对出口的重视，同时外部的支持措施也起到了一定的作用。

但是，只有28%的DAC列表国家的有机农地比例超过1%。

80%以上的DAC列表国家农业用地使用情况可以查到详细的信息，但是有一些有机生产大国（印度和巴西）未能提供具体作物类别的数据。从已知数据的统计中得出，有机草地/牧场占总有机农地面积的35%，其次是有机季节性作物用地（24%）和有机多年生作物用地（20%）。无论是对肉制品（主要来自阿根廷和乌拉圭），还是对未经加工的多年生和季节性作物来说，出口都发挥着重要作用。最重要的作物是用于出口的作物，如谷物、咖啡、油料作物、纺织原料作物（主要是棉花）、可可和椰子等。对于非洲来说，咖啡和橄榄是最重要的作物；对于亚洲而言，谷物和油料作物最重要；而对于拉丁美洲，咖啡和可可则是最重要的作物。

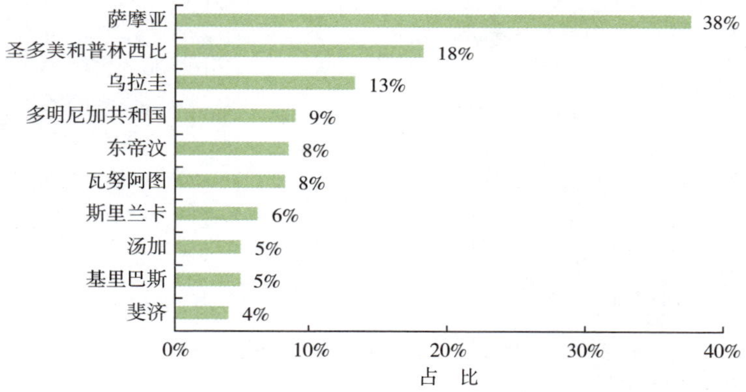

图2-17 DAC名单中2017年有机农地占比前十位的国家/地区

数据来源：2019年FiBL调查

2.2 有机农业用地的利用类型和主要商品形式①

2.2.1 农业用地

2017年，有机农业用地面积为6 990万公顷，其中超过2/3的面积（接近4 820万公顷）为草场/牧区。季节性作物用地面积为1 210万公顷，多年生作物用地为490万公

① 本章节作者：Julia Lernoud和Helga Willer；翻译：姚韫喆、王金、阴雪彤、张耀匀和冯婧；作图：赵惠娟

顷，共计1 700万公顷，超过有机农地的1/4。由于无法找到一些国家详尽的农业用地数据，例如拥有较大有机农地面积的巴西和印度，实际有机农地的面积应该会大于现有数据统计的面积。虽然获得了93%的有机农地的基本使用信息，但有些国家未提供详细的作物种植数据，所以只能获得部分区域的作物详细信息。

本调查中使用了FAO提供的土地利用类型分类，仅稍作修改。并使用与欧盟统计局类似的系统对作物进行分类。土地使用分类主要为如下几类：季节性作物用地、多年生作物用地、无更多具体信息的耕地（即没有提供详细分类信息的季节性和多年生作物）、多年生草场/牧区、其他农业区域（如树篱）和没有任何具体信息的有机农地。水产养殖、林地和非农业牧场在此与农业用地区分开，分属于不同的类别，即归类于野生采集区域和养蜂区域。

土地使用信息按地理区域划分总结如下（图2-18至图2-20）。

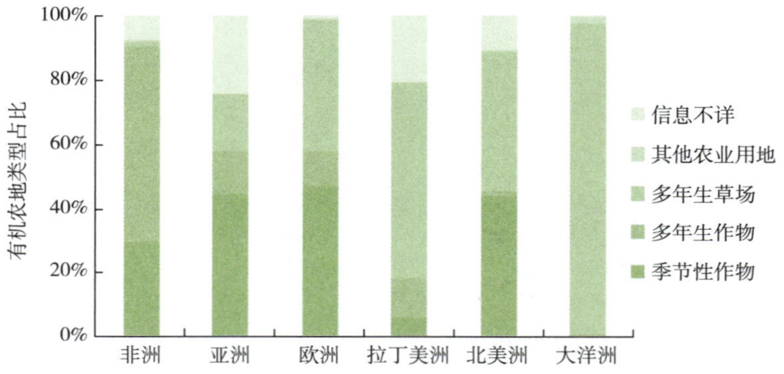

图2-18　2017年各土地利用类型分布比例

数据来源：2019年FiBL调查

非洲：可以获得90%的有机农地利用信息。接近2/3的农地用作种植多年生作物，主要是经济作物，如咖啡和橄榄；主要季节性作物为棉花和油性种子（芝麻、大豆和花生）。

亚洲：可以获得3/4的有机农地利用信息。季节性作物用地主要用于种植谷物，包括水稻。另外，干果和纺织原料也是重要的作物。

欧洲：欧洲的有机农地信息有较完善的数据并且主要的作物分类都有很好的记录。有机多年生草场和有机季节性作物用地有基本相同的面积比例。季节性作物用地主要用来种植谷物，其次是青饲料（前者占250万公顷，后者占240万公顷）。多年生作物用地占有机农业用地的13%，其中超过1/3的土地用来种植橄榄、酿酒葡萄、坚果和温带水果。

拉丁美洲和加勒比海地区：此地区将近60%的有机农地用作多年生有机草场。多年生作物用地占全部有机农业用地的12%，其中超过40%的作物是咖啡，其次是可可和热带水果。

北美洲：和欧洲类似，季节性作物用地和多年生草场/牧区用地有基本相同的面积比例。季节性作物用地大部分都用于谷物生产和青饲料的种植。

大洋洲：澳大利亚大部分有机土地为粗放的草场/牧区，其他类型的土地利用很少。绝大部分多年生作物种植在太平洋区域。

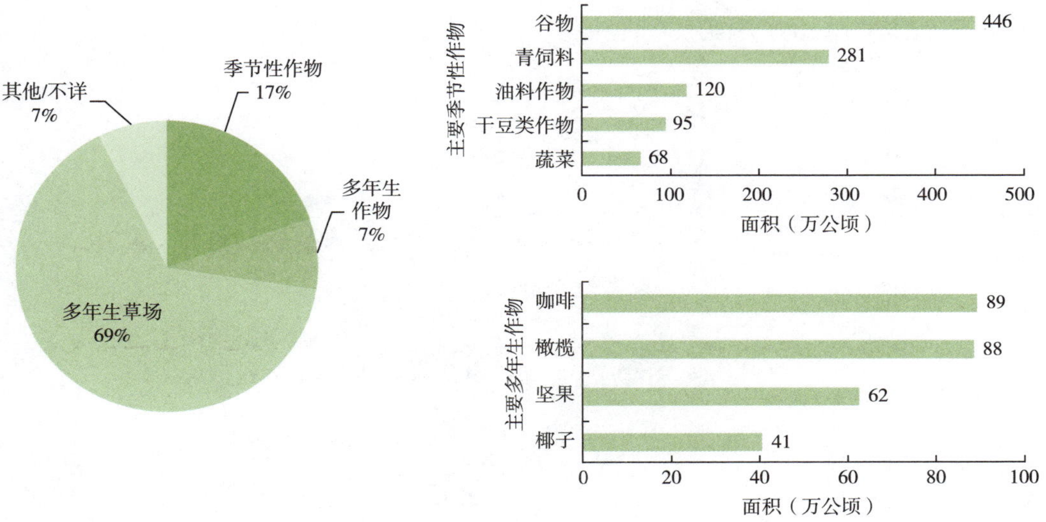

图2-19　2017年全球主要有机农地类型及作物种类

数据来源：2019年FiBL调查

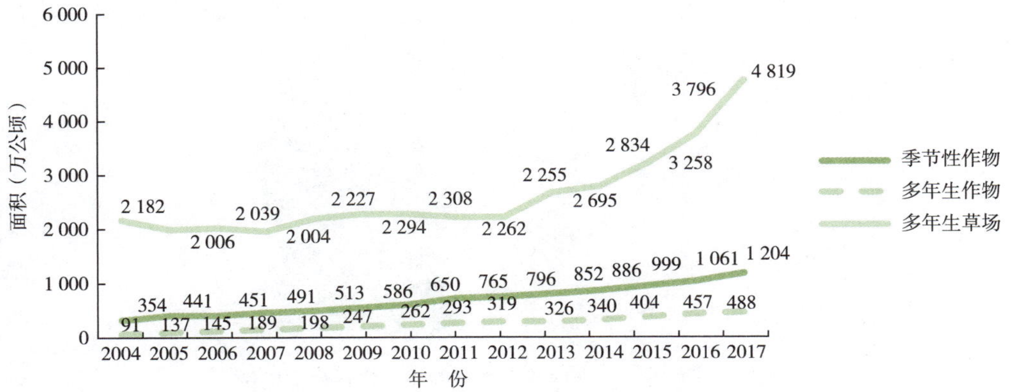

图2-20　2004—2017年全球有机季节性、多年生作物和多年生草场发展情况

数据来源：2019年FiBL调查

2.2.2 季节性作物用地

全世界共有近1 210万公顷的有机季节性作物用地，占全球有机农业用地的17%，是世界季节性作物用地面积的0.8%。

与2016年相比，有机季节性作物用地面积的涨幅达到11.7%。除了一些作物（如工业作物和油料作物）种类的用地有所下跌以外，几乎所有作物种类的用地都有增长。

将近60%的季节性作物用地位于欧洲，其次是亚洲（22%）和北美洲（12%）（图2-21）。大部分用地用于种植包括水稻的谷物（450万公顷），青饲料（280万公顷）和油料作物（120万公顷）（图2-22）。

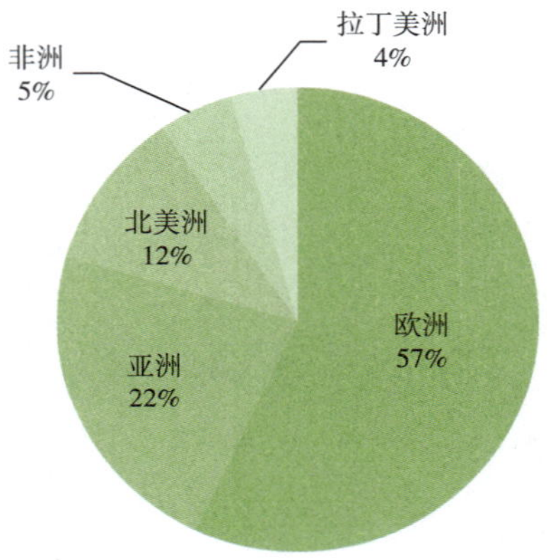

图2-21 2017年全球有机季节性作物分布

数据来源：2019年FiBL调查

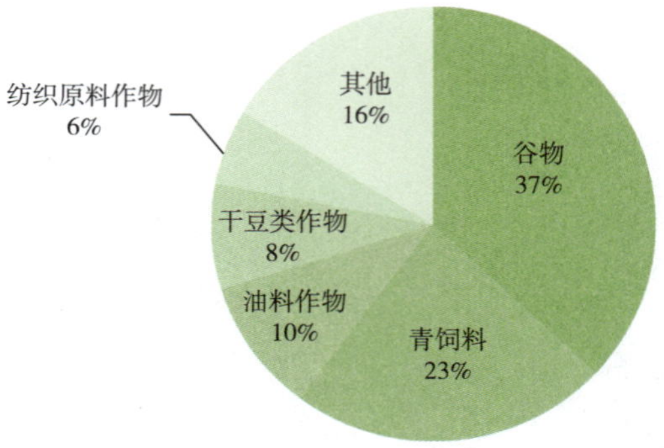

图2-22 2017年全球有机季节性作物农地分类比例

数据来源：2019年FiBL调查

2.2.3 多年生作物

多年生作物用地的面积超过490万公顷，占世界多年生作物用地的2.9%。和2016年的调查相比，面积增长超过30.5万公顷，涨幅达到7%。全球有机农业用地中有7%是多年生作物用地。因此，多年生作物用地占有机农业用地的比例比其占所有农业用地的比例略高出3%。

大部分多年生作物用地位于欧洲（160万公顷），其次是非洲（130万公顷）和拉丁美洲（近100万公顷）（图2-23）。最重要的作物是咖啡和油橄榄，面积均接近90万公顷，分别占有机多年生作物用地的近20%。其次坚果（60万公顷）、葡萄（40万公顷）以及热带及亚热带水果（接近40万公顷）（图2-24）。

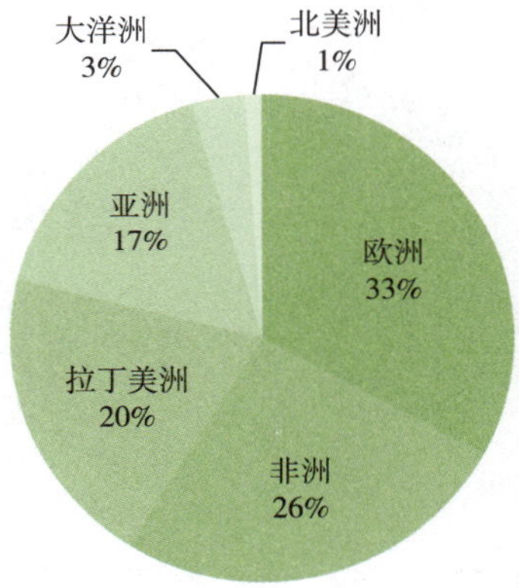

图2-23　2017年全球多年生有机作物农地分布

数据来源：2019年FiBL调查

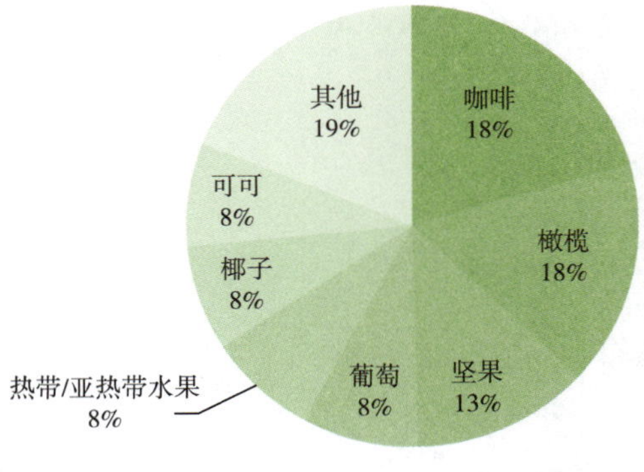

图2-24　2017年全球多年生有机作物农地分类比例

数据来源：2019年FiBL调查

2.2.4 野生采集和养蜂区域

IFOAM标准中有对采集野生作物的定义（IFOAM 2014），同时野生采集的活动也被有机法规监管规范。2017年，全球野生采集区域（包括养蜂场）近4 100万公顷，集中在欧洲、非洲、亚洲和拉丁美洲，因此其分布与有机农业用地有较大的区别（图2-25）。

芬兰是拥有野生采集面积最大的国家（主要是浆果），其次是赞比亚和坦桑尼亚（养蜂区）（图2-26）。采集种类主要包括野生浆果、养蜂、中草药、芳香植物，以及非洲的乳木果和拉丁美洲的巴西坚果。较遗憾的是，没有收集到野生采集的具体信息。

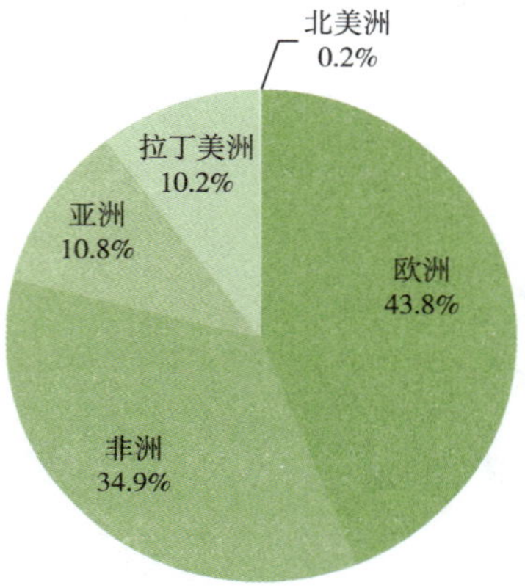

图2-25　2017年全球有机野生采集区和养蜂区地域分布

数据来源：2019年FiBL调查

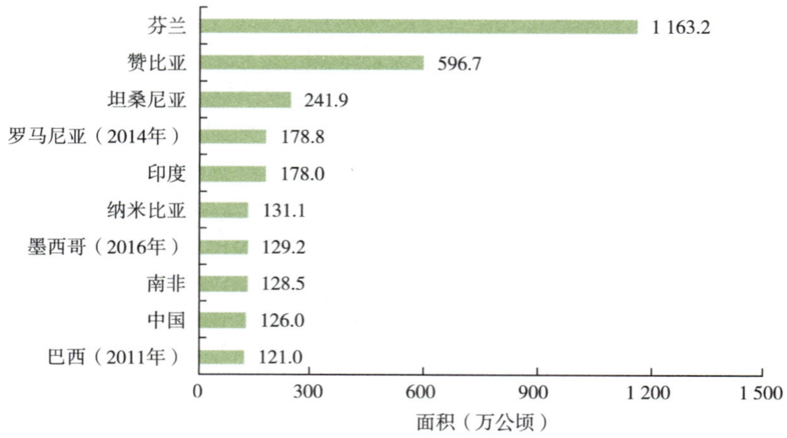

图2-26　2017年野生采集区和养蜂区的前十位国家/地区

数据来源：2019年FiBL调查

2.2.5 蜂 箱

2017年有机蜂箱超过320万个，占世界蜂箱的近3.5%。有机蜂箱集中在拉丁美洲（45%）和欧洲（30%）。拥有有机蜂箱数量最多的国家是巴西（898 640个），其次是赞比亚（388 067个）和墨西哥（368 000个）。自2007年以来，蜂箱的数量增加了5倍，当时有超过53.5万个蜂箱。但需要注意的是，一些增长量是由于更多的数据被提供出来用作统计。2014—2015年的增长是由于巴西等一些国家的数据首次用作统计。2016—2017年的增长主要是由于巴西、中国和赞比亚的蜂巢数量的显著增长。

由于全球对有机蜂蜜和产品的需求不断增加，预计有机养蜂业将在全球持续增长。对于那些想从传统有机养蜂转换到有机养殖的养蜂人来说，他们面临的主要挑战是缺乏有机养蜂实践知识，并且不了解有机认证过程，因此转化过程较困难。此外，生产优质有机蜂蜜、用有机方法控制瓦罗虫寄生虫是有机养蜂人的主要阻碍。

2015年，FiBL、Naturland、Demeter和Apicon共同创建了一个新的养蜂平台IFOAM Apiculture Forum（IAF）。该养蜂平台是IFOAM国际有机联盟的自发组织的结构，旨在促进有机养蜂的发展，并鼓励用可持续养蜂业替代传统做法。IAF将于2019年3月1—3日在德国斯图加特（霍恩海姆地区）和霍恩海姆大学共同组织第五届世界有机养蜂大会。养蜂人、科学家和专家将在社会、经济和环境挑战的背景下讨论养蜂和蜜蜂。第一天将关注社会和政治发展，第二天将关注蜂群的健康，第三天会议将关注蜂疗和蜜蜂产品的质量。

2.2.6 水产养殖

Naturland是一个来自德国的有机标准，在1995年在德国首次对鲤鱼进行了有机认证，是自愿性可持续发展标准（VSS）中第一个对水产进行认证的（Potts等，2016）。2005年，IFOAM国际有机联盟认可了Naturland的最新水产有机标准。

2017年，有机水产品产量超过62万吨。根据已知数据，有机水产的生产主要集中在亚洲（86%，中国为主）和欧洲（14%）（图2-27）。中国的产量最大（52.65万吨），其次是爱尔兰（接近4.1万吨，主要是蓝贻贝、鲑鱼和牡蛎）和挪威（接近1.4万吨，鲑鱼为主）（图2-28）。2016年的有机水产产量相比2016年增长49%，主要是由于中国和越南产量的增长。

不过遗憾的是，有些有机水产产量很大的国家并没有提供相应的信息，例如巴西、印度尼西亚。因此，我们可以假设实际有机水产的产量比报告中的要高。

只有不到13%的生产可以有足够的信息将其细分成不同的品种。根据已知数据，2017年，有机鲑鱼是产量最多的品种（超过3.6万吨），其次是贻贝类（1.94万吨）、水生植物（9 000吨）、虾类（超过6 000吨）和鲤鱼（超过5 600吨）。

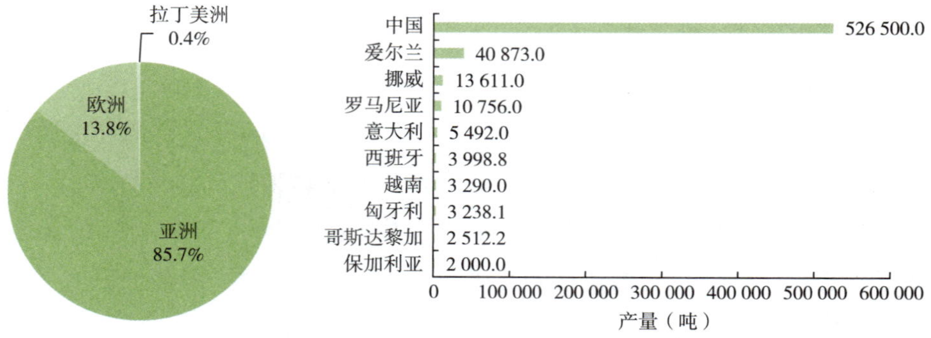

图2-27　2017年有机水产养殖全球分布及产量前十位的国家/地区

数据来源：2019年FiBL调查

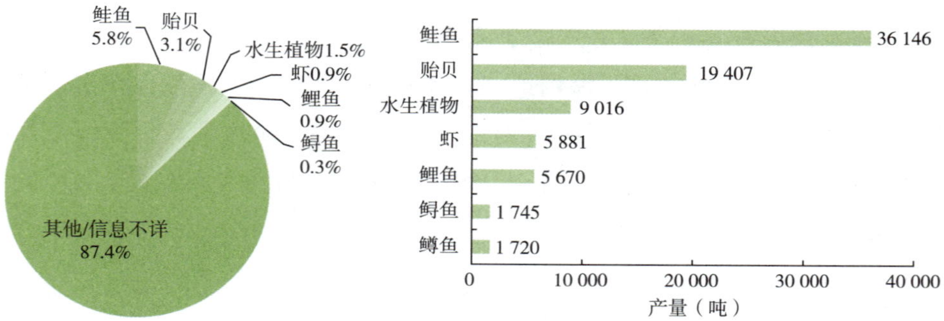

图2-28　2017年有机水产养殖主要品种比例及产量

数据来源：2019年FiBL调查

2.2.7　几种作物的数据统计

在这一部分展示了几种关键作物与作物群的数据，包括有机管理下的区域与整个作物区域的对比。瑞士有有机农业研究所（FiBL）于2004年首次收集土地使用与作物数据。

应该指出的是，有机种植面积主要与粮农组织（FAO）提供的2016年收获面积进行比较。数据可能不一定与认证机构登记的播种或播种面积直接相当。

在某些情况下，面积数据可能是指混合作物区域或热带水果的农林复合区域，其中提供的作物面积是混农林业系统的总面积，包括遮荫树和其他作物谷物。在比较有机作物面积与某一作物的总面积时，应特别注意这一点，特别是热带作物。

关于转换状态的数据，对于某些国家/地区，数据由多个认证机构进行整理，其中一些提供了有关转换状态的信息，而另一些则没有。因此，转化土地和完全转化土地的总和不一定与有机农业管理下的土地总量相同。

本节中所呈现的统计图表只是FiBL数据库中可用信息的一部分，更多信息可从statistics.fibl.org获取。此外，在www.organic-world.net上可以获得关于关键作物的更多图表。

2.2.7.1 谷　物

2017年，约450万公顷种植谷物的土地以有机方式进行管理（图2–29）。对比2016年FAO数据库的统计数据，世界谷物收获面积达到了7.18亿公顷（FAO数据库），其中0.6%的土地面积是以有机方式进行管理的。

谷物包括小麦、斯佩尔特小麦、大麦、燕麦、玉米、水稻、黑麦、安第斯谷物以及黑小麦（图2–30）。

图2–29　2004—2017年全球有机谷物种植面积发展情况

数据来源：2006—2019年FiBL-IFOAM-SOEL调查

根据FAO提供的数据，全球主要谷物生产国是印度（9 850万公顷）、中国（9 630万公顷）、美国（5 850万公顷）和俄罗斯（4 440万公顷）。在这4个国家中，除了印度，其他国家的有机谷物的种植面积数据均可获得，但是俄罗斯的数据不全面。因此，我们推测实际有机谷物种植面积会更高。

中国（超过90.00万公顷）、意大利（超过30.00万公顷）和美国（超过28.10万公顷）是最大有机谷物生产国家（图2-31）。中国有机谷物的种植面积占国内总谷物种植面积的0.9%，在意大利则占到了9.4%，是比重最大的国家之一。

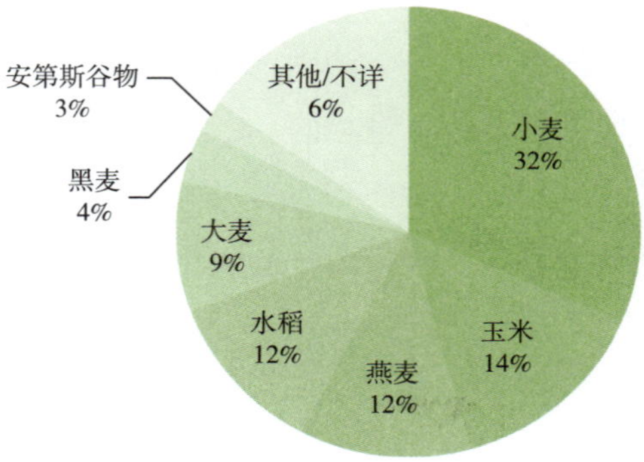

图2-30　2017年全球不同种类有机谷物种植面积所占比例

数据来源：2019年FiBL调查

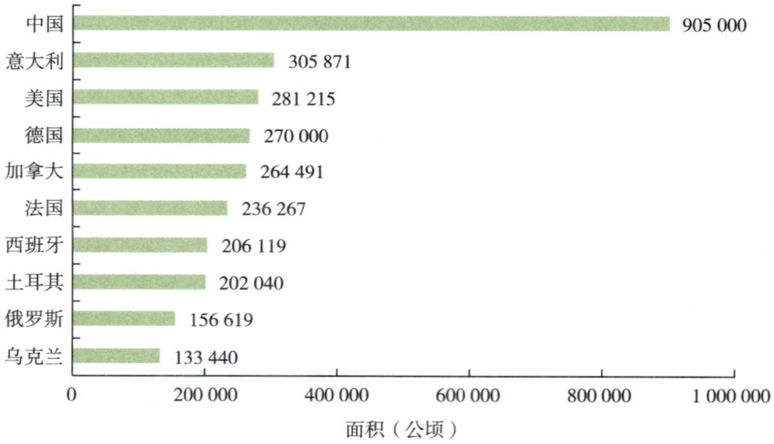

图2-31　2017年有机谷物种植面积位列前十位的国家/地区

数据来源：2019年FiBL调查

一些国家有机谷物的种植面积比例远高于世界平均水平（0.6%），如奥地利（14.6%）、瑞典（11.4%）、爱沙尼亚（11.1%）、意大利和瑞士（7.6%）。

世界有机谷物的种植面积从2004年（约130万公顷）至2017年增加了两倍多。仅在2017年，面积就增加了28万公顷（涨幅达6%）。

现有数据表明，2017年将近20%的有机谷物农田处于转换期（超过83.50万公顷）。因此，近期有机谷物的供应将显著增加。

2.2.7.2 柑橘类水果

2017年全球约8.8万公顷的柑橘类水果在有机方式下种植（图2-32），占到全球柑橘类水果种植面积940万公顷的0.9%（FAO数据库）。鉴于一些柑橘类的主要生产国——印度（90万公顷）和巴西（80万公顷）无可用有机柑橘类种植面积数据，因此可以假定实际上的有机柑橘类生产面积比本书中所述的要大。

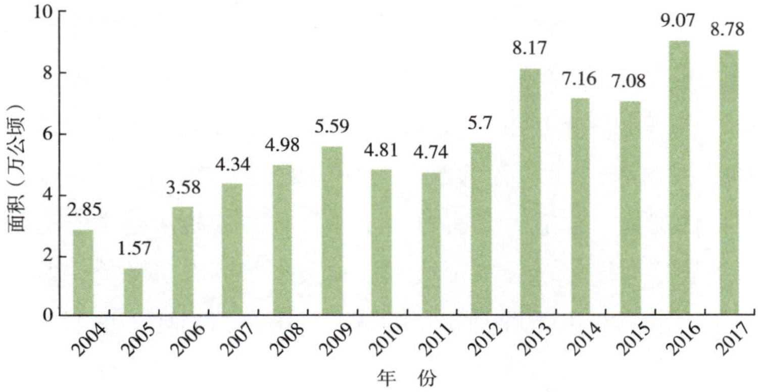

图2-32 2004—2017年全球有机柑橘类水果种植面积发展情况

数据来源：2019年FiBL调查

世界最大的有机柑橘类水果生产国是意大利，种植面积近4万公顷，占意大利总柑橘类水果生产面积的27.0%；其次是墨西哥（1.3万公顷，占比2.2%），西班牙（超过1.2万公顷，占比3.3%）和美国（近5 000公顷，占1.6%）（图2-33）。2017年，有机柑橘类水果种植面积下降3.2%。意大利的有机柑橘类水果种植面积占比最高，其次是加纳（15.2%）和法国（8.7%）。

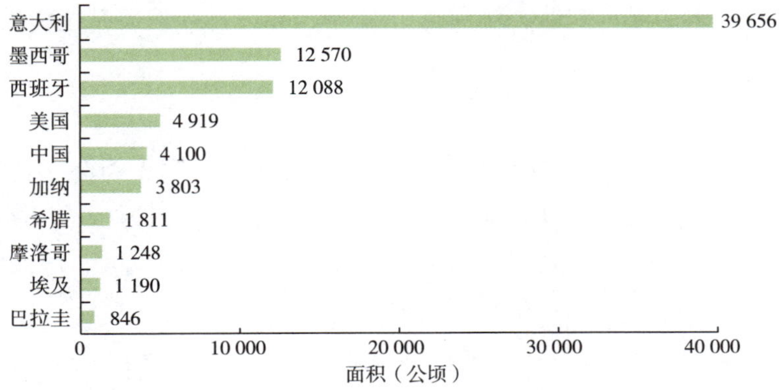

图2-33 2017年有机柑橘类水果种植面积位列前十位的国家/地区

数据来源：2019年FiBL调查

从作物类型来看，有机柑橘类水果占柑橘类水果总种植面积最大的是柑橘（48%），其次是柠檬和青柠（21%）、葡萄柚和柚子（5%）、橘子（3%）。另有23%的有机柑橘面积没有明确作物类型。

目前获得的数据显示，在2017年，至少有27%（超过2.3万公顷）的柑橘类种植土地处于有机转换期。

由于柑橘黄龙病的传播（柑橘黄龙病主要通过携带病菌的亚洲柑橘木虱*Diaphorina citri*与非洲柑橘木虱*Trioza erytreae*进行传播），有机柑橘类水果的种植面积下降。在拉丁美洲及美国，黄龙病/绿化病导致了严重的损失。尽管使用了化学农药，该病仍持续传播。报告显示佛罗里达州超过90%的柑橘类区域被感染。古巴的情况更为严重，几乎没有了有机柑橘类水果生产，有机橙子与葡萄柚也无法出口。哥斯达黎加、洪都拉斯、伯利兹以及多米尼加已经放弃了有机橙子生产，转为施用化学农药控制疫情的传统农业模式。一些加勒比海国家已经决定放弃柑橘类水果的有机种植，重新转变为通过化学农药控制病虫害的常规农业。目前非洲柑橘木虱正在葡萄牙（里斯本）和西班牙（加利西亚）传播，亚洲柑橘木虱也传播到了旧金山湾区。

如喷洒植物激素或使用红外能量脉冲，将增加柑橘园中化学品的使用，导致农业生态系统生态功能的持续破坏。自2011年，瑞士有机农业研究所（FiBL）在墨西哥（有机柑橘类的一个主要生产国）开发一个通过控制病源和调节黄龙病的综合的有机治理策略。结果表明，在有机柑橘树下，天然地被植物能改善生物多样性，使亚洲柑橘木虱的数量显著减少，比常规果园中的除草剂和化学杀虫剂使用量减少7倍。在有机条件下，有益的昆虫（如瓢虫），不太可能被杀死。该项目重点关注以下管理策略：如何管理地面覆盖，以便在整个生产季节保持果园中有花朵并促进有益昆虫繁殖；如何使用生物（如真菌和寄生蜂）控制对抗载体木虱；如何通过适当的植物营养，如利用生物炭、豆科和有机肥料，诱导树木抗性。该项目由瑞士Coop可持续发展基金资助。

2.2.7.3 可可豆

2017年，全球有机可可豆的种植面积超过了38.40万公顷（图2-34），占总可可豆种植面积的3.8%（根据FAO统计，2016年全球可可豆种植面积为1 020万公顷）。

世界主要的可可豆生产国有科特迪瓦（280万公顷）、印度尼西亚（170万公顷）、加纳（170万公顷）和尼日利亚（80万公顷）。

最大的有机可可豆生产国是多米尼加（15.92万公顷）、刚果（金）（5.19万公顷）和塞拉利昂（4.33万公顷）（图2-35）。全球超过60%的有机可可豆种植区域位于拉丁美洲，超过40%位于非洲。

图2-34　2004—2017年全球有机可可豆种植面积发展情况

数据来源：2019年FiBL调查

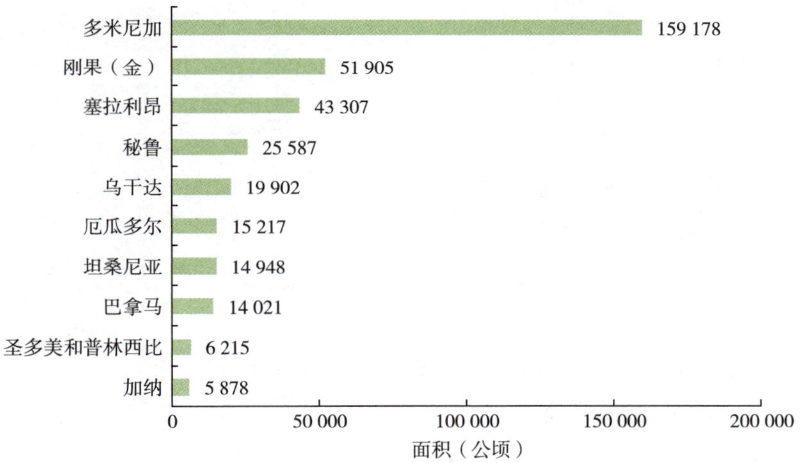

图2-35　2017年有机可可豆种植面积位列前十位的国家/地区

数据来源：2019年FiBL调查

参考FAO的可可豆收获面积数据，一些国家有机可可豆占比非常高，这可能是因为FAO的数据可能尚不完整。自2004年以来，有机可可豆的种植面积增长了超过7倍。但其中一部分的增长应归因于对数据获取的持续改善。2017年有超过3.90万公顷的种植面积，较2016年增长11.4%。另外，有4%（超过1.60万公顷）的有机可可豆种植区处于转换期。这表明，近期有机可可豆的供应将会略有增加。

更多关于可可豆生产的信息（有机及其他志愿可持续标准—VSS），请查询报告《可持续市场现状——2018年数据统计与未来趋势》。

2.2.7.4 咖 啡

2017年全球有机咖啡的种植面积超过89万公顷（图2-36），占咖啡种植总面积的8.1%（根据FAO统计，2016年全球咖啡种植面积为1 100万公顷）。

全球主要咖啡生产国有巴西（200万公顷）、印度尼西亚（120万公顷）、科特迪瓦（100万公顷）、哥伦比亚（90万公顷）、埃塞俄比亚（70万公顷）。除了巴西与科特迪瓦外，以上其他国家的有机咖啡生产均有数据资料。世界45%以上的有机咖啡种植区域位于拉丁美洲，42%位于非洲。

最大的有机咖啡生产国是墨西哥（23.10万公顷）、埃塞俄比亚（16.10万公顷）和秘鲁（11.00万公顷）（图2-37）。东帝汶有机咖啡种植面积占比最高（超过58%），其次是玻利维亚（48%）、坦桑尼亚（37%）和墨西哥（近36%）。

图2-36 2004—2017年全球有机咖啡种植面积发展情况

数据来源：2019年FiBL调查

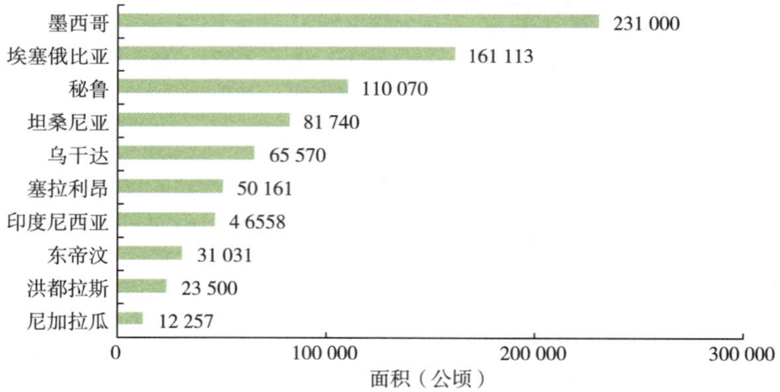

图2-37 2017年有机咖啡种植面积位列前十位的国家/地区

数据来源：2019年FiBL调查

自2004年至2017年，有机咖啡种植面积已经增长了4倍。与2016年相比，2017年有机咖啡种植面积下降4.6%（近4.30万公顷）。

更多关于咖啡生产的信息（有机及其他志愿可持续标准—VSS），请查询报告《可持续市场现状——2018年数据统计与未来趋势》。

2.2.7.5 干豆类

有机干豆类种植面积近95.2万公顷（图2-38），占全球干豆类种植总面积的1.2%（2016年将近8 240万公顷；数据来源：FAO数据库）。

图2-38　2004—2017年全球有机干豆类作物种植面积发展情况

数据来源：2006—2019年FiBL-IFOAM-SOEL调查

目前世界上3个最重要的干豆类种植国家分别是印度、尼日尔和缅甸，但这3个国家均没有关于有机面积的现有数据。印度作为迄今为止最大的干豆类种植国家，占全球种植面积的32%以上（2 600万公顷）。

拥有最大有机干豆类种植面积的国家有中国（33万公顷）、法国（超过9.7万公顷）、加拿大（超过6.1万公顷）、坦桑尼亚（近5.1万公顷）、意大利（近5万公顷）和波兰（超过4.3万公顷）（图2-39）。总的来说，干豆类在欧洲的有机农业中发挥着重要作用，其有机份额较高。

自2004年至2017年，干豆类面积从7.9万公顷增加到了95.2万公顷，增长了11倍。然而，部分原因可能是作物数据的持续改善。2017年，由于中国新统计到了很大面积的有机干豆类种植，全球有机干豆类总面积比2016年增加了超过40.8万公顷，增长了近75%。许多国家没有按产量细分的情况，例如，欧盟统计局公布的“干豆类”只有一个数字且没有进行分类。

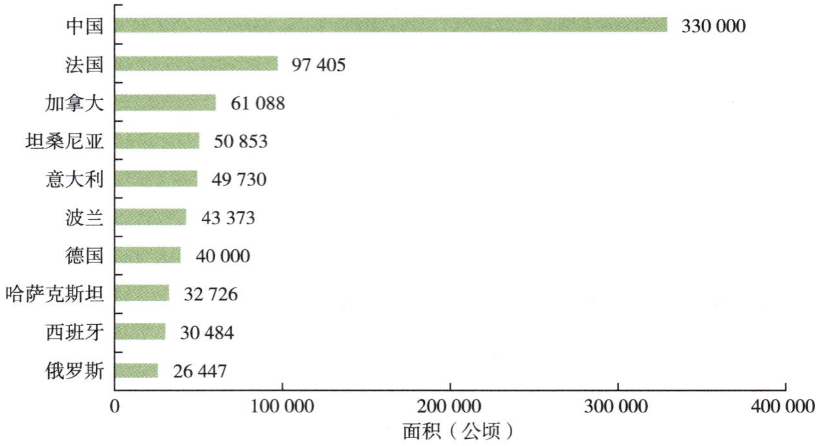

图2-39　2017年有机干豆类作物种植面积位列前十位的国家/地区

数据来源：2019年FiBL调查

数据显示，将近有20%的干豆类种植农地处于转换期，并且将在未来几年内完全转换，不久的将来有机干豆类的供应会增加。

2.2.7.6　温带水果

有机温带水果生产总面积（近20.4万公顷）占世界温带水果总面积的1.6%（2016年为1 260万公顷；数据来源：FAO数据库）。

在世界上7个最重要的温带水果种植国家（中国、土耳其、伊朗、印度、俄罗斯、美国和乌兹别克斯坦）中，5个国家（中国、土耳其、伊朗、俄罗斯和美国）提供了2017年有机温带水果面积数据。因此可以假定有机温带水果面积实际上会更高。

拥有最多有机温带水果种植面积的国家有土耳其（2.6万公顷）、意大利（2.5万公顷）、中国（近2.24万公顷）、法国（近1.67万公顷）和美国（近1.2万公顷）（图2-40）。

自2004年第一次收集土地利用和作物数据后，温带水果面积增加超过两倍（图2-41）。但是，一些增加可归因于不断改进的作物数据可用性。2017年全球有机温带水果面积减少超过4.7万公顷，主要源于中国和波兰两国种植面积的下降。

主要温带水果有苹果（占温带水果面积的40%），其次是梨、樱桃、李和杏（图2-42）。波兰的有机苹果面积占世界有机苹果总面积的近1/3。数据表明，有超过30%的温带水果种植农地处于转换期。因此，不久的将来，有机温带水果的供应将大量增加。

更多信息可参考：Granatstein，David，Elizabeth Kirby，Harold Ostenson，Helga Willer . 2015. Global situation for organic tree fruits[J/OL]. *Scientia Horticulturae*. 2015-12-18. doi:10.1016/j.scienta.2015.12.008

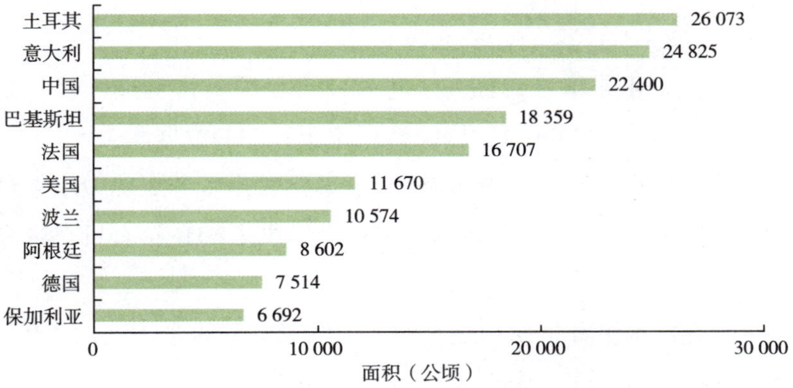

图2-40 2017年有机温带水果种植面积位列前十位的国家/地区

数据来源：2019年FiBL调查

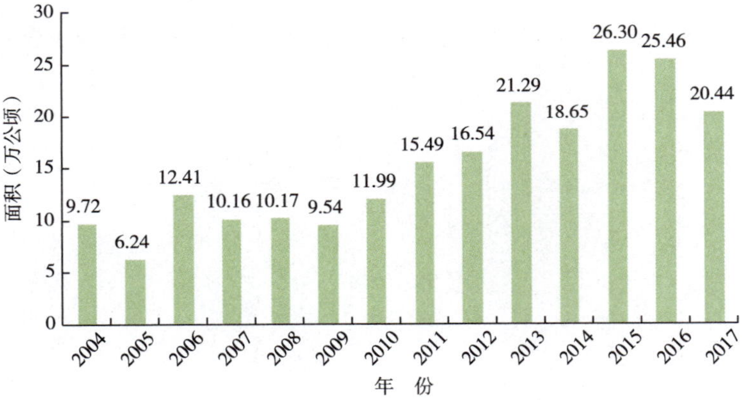

图2-41 2004—2017年全球有机温带水果种植面积发展情况

数据来源：2006—2019年FiBL-IFOAM-SOEL调查

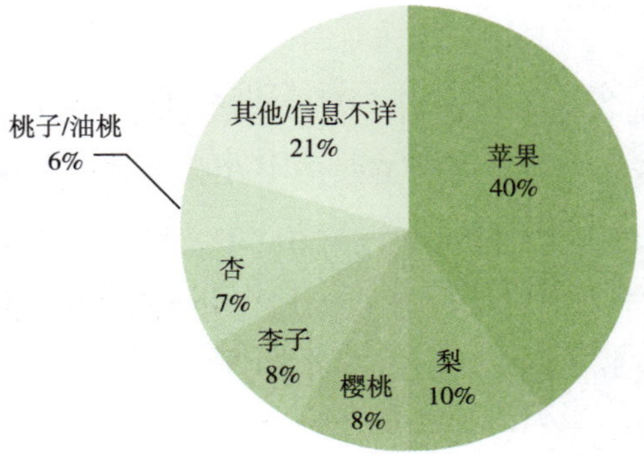

图2-42 2017年全球有机温带水果种植面积发展情况

数据来源：2019年FiBL调查

2.2.7.7 热带及亚热带水果

有机热带和亚热带水果生产总面积（将近38万公顷）占全球热带和亚热带水果总采收面积的1.5%（2016年为2480万公顷；数据来源：FAO数据库）

印度、中国、菲律宾、巴西和泰国是5个最重要的热带和亚热带水果种植国家，各国种植面积均超过100万公顷。只有菲律宾和泰国提供了2017年有机热带和亚热带水果的种植面积数据。

热带及亚热带有机水果种植面积最大的几个国家有墨西哥（近13.1万公顷）、多米尼加（约2.6万公顷）、土耳其（超过2.4万公顷）和肯尼亚（超过1.9万公顷）。其中一些国家有机热带和亚热带水果占比很高，超过其种植总面积的10%。例如多米尼加的香蕉，墨西哥的杧果和鳄梨。其中热带和亚热带有机水果种植面积占比最大的国家有布基纳法索（66.6%）、斐济（52.2%）、土耳其（37.5%）和斯洛文尼亚（26.9%）。按品种划分，主要热带和亚热带水果为香蕉、牛油果、无花果和杧果（图2-43）。

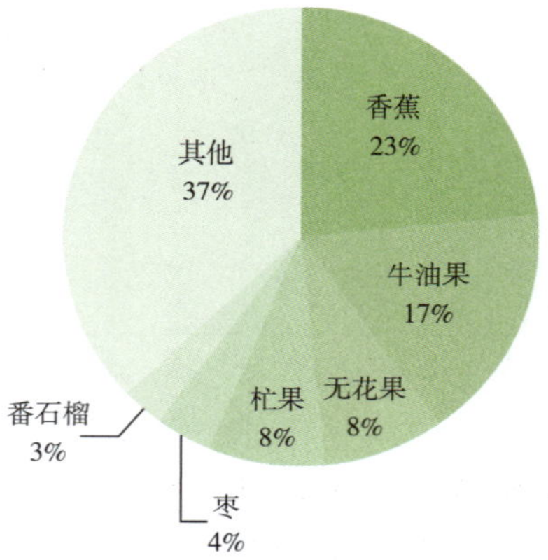

图2-43 2017年全球有机热带及亚热带水果面积分布情况

数据来源：2019年FiBL调查

相比于2004年第一次收集土地利用和农作物数据时，2017年热带有机水果种植面积增加了8倍（图2-44）。其中一些增加可归因于作物数据持续改善的可用性。与2016年热带水果的有机种植面积的有所减少相比，2017年有机种植面积反而增长了6.6%。

现有数据表明，热带和亚热带水果总面积中近12%的土地处于转换期。因此，预计有机水果供应量在未来几年将有小幅度增长。

图2-44 2004—2017年全球热带及亚热带水果种植面积发展情况

数据来源：2006—2019年FiBL-IFOAM-SOEL调查

2.2.7.8 葡萄类

有机葡萄的种植面积超过40.3万公顷，占世界葡萄种植面积的5.7%（根据FAOSTAT统计，2016年全球种植面积为710万公顷）。在欧洲，超过34万公顷（占全部收获葡萄面积的8.7%）的种植面积是有机的。有机葡萄种植并非都用于生产酿酒葡萄，鲜食葡萄和葡萄干的生产在土耳其等许多国家都具有重要地位。世界上最重要的5个葡萄种植国（西班牙、中国、法国、意大利和土耳其）都提供了2017年有机葡萄生产面积的数据。

西班牙和意大利是世界上有机葡萄种植面积最大的国家，二者的有机葡萄种植面积都超过了10万公顷；法国有机葡萄种植面积紧随其后，超过7.8万公顷。这些国家的有机葡萄种植面积与其葡萄生产总面积的比例也属于有机占比最高的几个国家。世界有机葡萄种植面积的近90%来自欧洲，其余的种植面积近似平均的分配在亚洲、北美及拉丁美洲。

自2004年第一次收集土地利用和农作物数据以来，至2017年，有机葡萄种植面积增加了3倍有余（图2-45）。但其中一些葡萄种植面积的增加，可归因于这些年持续改善的作物数据可用性。

现有数据表明，有机葡萄种植面积的很大一部分（至少27%）正处于转换期。因此，预计未来有机葡萄供应量将大幅增加，特别是来自西班牙，意大利和法国有机葡萄供应。

图2-45 2004—2017年全球有机葡萄种植面积发展情况

数据来源：2006—2019年FiBL-IFOAM-SOEL调查

2.2.7.9 油料作物

2017年，有机油料作物的种植面积将近120万公顷，占世界油料作物总采收面积的0.5%（总面积近2.3亿公顷；数据来源：FAO数据库）。

美国、巴西、印度、阿根廷和中国（每个国家的种植面积均超过2 000万公顷）是油料作物种植的主要国家，除巴西外，以上国家有机生产数据都可以获得。有机油料作物种植面积最大的国家有中国、印度、俄罗斯、苏丹、罗马尼亚和美国。

有机油料作物种植面积占比最大的国家有秘鲁（23.3%，主要为芝麻）和奥地利（近18.7%，多为大豆）。

自2004年（近14.4万公顷）第一次收集土地利用和作物数据以来，油料作物面积到2017年增加了7倍多（图2-46）。但是，其中一些增加可归因于作物数据持续改善的可用性。2017年，有机油料作物面积减少了将近13%（超过17.25万公顷）。有1/3的有机油料作物农地用于大豆种植，另有20%农地用于葵花籽和和芝麻的种植（图2-47）。

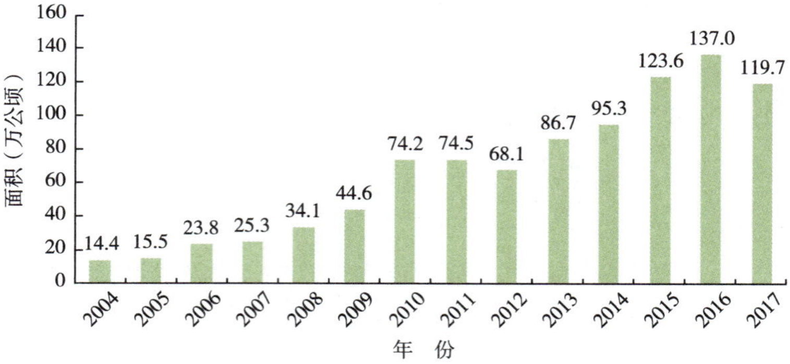

图2-46 2004—2017年全球种植有机油料作物面积发展情况

数据来源：2006—2019年FiBL-IFOAM-SOEL调查

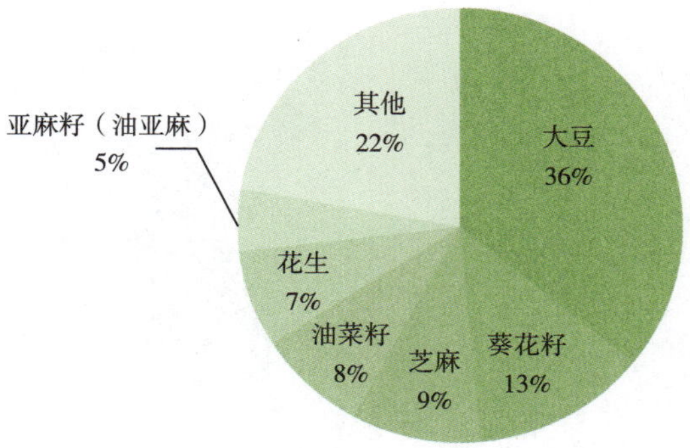

图2-47　2017年不同有机油料作物种植面积

数据来源：2019年FiBL调查

数据显示，至少有17%的土地处于转换期，并将在未来几年内得到有机认证。在不久的将来，有机油料作物的供应会稍有增加。

2.2.7.10　橄　榄

2017年世界有机橄榄种植面积约为88.3万公顷，占世界橄榄种植总面积（1 070万公顷；数据来源：FAOSTAT）的8.3%。

生产橄榄的国家主要分布在地中海沿岸。西班牙是目前最大的橄榄生产国，其种植面积约为260万公顷，其次是突尼斯（160万公顷）和意大利（120万公顷）。希腊和摩洛哥也是重要的橄榄生产国。上述这些国家都提供了有机橄榄的相关数据。

突尼斯的有机橄榄种植面积最多（超过25.4万公顷），其次是意大利（近23.6万公顷）和西班牙（超过19.5万公顷）（图2-48）。欧洲拥有世界上近70%的有机橄榄种植面积，其次是北非，占世界有机橄榄种植面积的近30%（图2-49）。在意大利，有机橄榄生产面积占其总橄榄生产的比例相对较高（超过20%）。

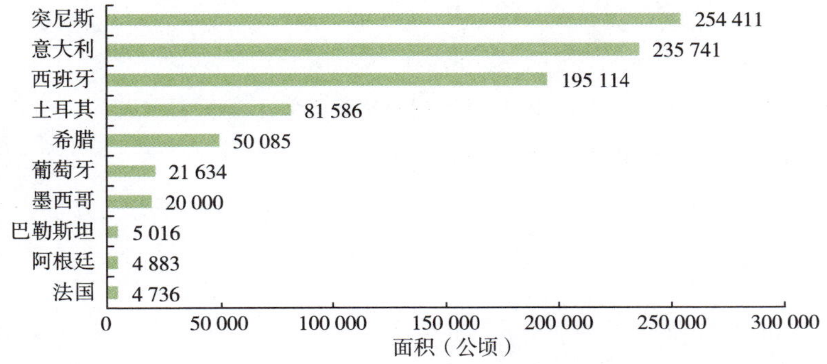

图2-48　2017年有机橄榄种植面积位列前十位的国家/地区

数据来源：2019年FiBL调查

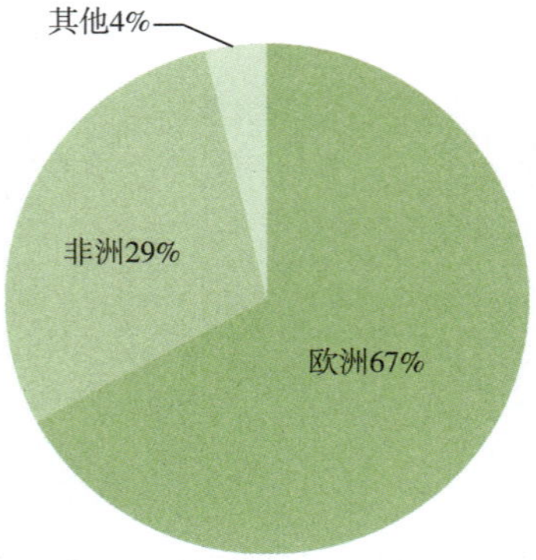

图2-49　2017年各大洲有机橄榄分布

数据来源：2019年FiBL调查

在突尼斯，约有15.5%的橄榄种植面积是进行有机生产的，而在西班牙这一数据约为8%。法国的有机橄榄生产占比最高，约为27.3%。自2004年第一次收集土地利用和作物数据以来，橄榄种植面积几乎翻了3倍（图2-50）。据现有数据表明，约为18%的总橄榄种植面积正处于有机转换期。因此，预计有机橄榄供应量在未来会产生一定程度的增长。

图2-50　2004—2017年全球有机橄榄种植面积发展情况

数据来源：2006—2019年FiBL-IFOAM-SOEL调查

2.2.7.11　蔬　菜

在2017年，世界有机蔬菜生产的总面积（将近67.6万公顷）占世界蔬菜生产总面积的1.1%（根据FAOSTAT数据显示，2016年世界蔬菜生产总面积为6 200万公顷）。

在全球最主要的四大蔬菜生产国（中国、印度、尼日利亚和越南）中，只有中国、尼日利亚及越南提供了有机蔬菜面积数据。

世界有机蔬菜种植面积最大的几个国家分别为中国、墨西哥、美国、意大利、埃及和法国（图2-51）。

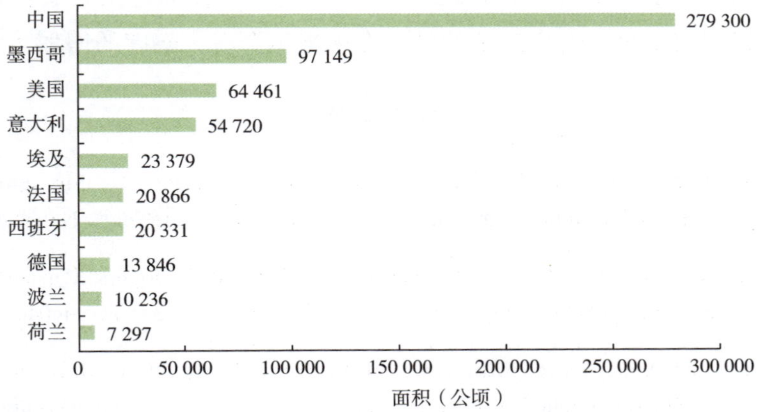

图2-51 2017年有机蔬菜种植面积位列前十位的国家/地区

数据来源：2018年FiBL调查

世界有机蔬菜种植面积占蔬菜总生产比例最高的几个国家分别是丹麦、奥地利、瑞士和墨西哥。除墨西哥外，这些国家也是欧洲有机食品市场所占份额最高的几个国家。此外，瑞典和意大利的有机蔬菜占蔬菜总生产的比例也很高。

自2004年第一次收集土地利用和农作物数据以来，到2017年，蔬菜种植面积增加了5倍有余，从10.5万公顷到现在的67.6万公顷（图2-52）。其中2017年的全球蔬菜面积增长主要来源于中国、意大利和西班牙生产面积的增长。

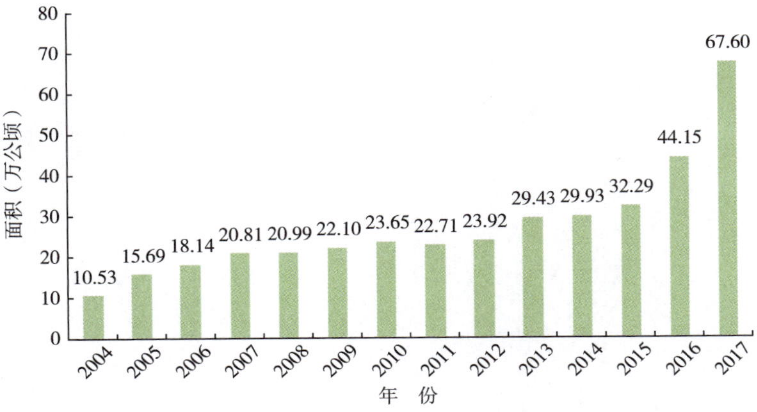

图2-52 2004—2017年全球有机蔬菜种植面积发展情况

数据来源：2006—2019年FiBL-IFOAM-SOEL调查

蔬菜种植中很大一部分面积（近12万公顷）用于果菜种植，其次是叶菜和根茎类蔬菜。然而，大多数国家并没有提供蔬菜种植面积中关于具体农作物种类的细节数据。

根据已经完成有机转换和处于转换期的蔬菜种植面积的现有数据表明，在现有的大量有机蔬菜种植面积中，至少5.4万公顷的有机蔬菜种植面积正处于转换期。因此，根据该数据可以得出结论，有机蔬菜的供应在未来不会有大幅度的增加。

参考文献

Bergleiter S.，Berner N.，Censkowsky U.，Julià-Camprodon G. 2009. Organic aquaculture 2009 – production and markets[M]. Munich，Organic Services GmbH and Gräfelfing，Naturland e.V.

Food and Agriculture Organization of the United Nations（FAO）. 2010. Organic aquaculture：The future of expanding niche markets[EB/OL]. http://www.fao.org/docrep/015/i2734e/i2734e04c.pdf

Potts Jason，Wilkings Ann，Lynch Matthew，McFatridge Scott. 2016. State of Sustainability Initiatives Review：Standards and The Blue Economy[EB/OL]. International Institute for Sustainable Development，Manitoba，Canada. http://www.iisd.org/ssi/standards-and-the-blue-economy/

3 商品案例研究

3.1 可持续市场发展现状的数据统计及趋势分析①

本章节对《可持续市场发展现状：2018年数据统计和趋势分析》报告（Lernoud等，2018）进行了概述和总结，该报告通过8大商品行业（香蕉、可可豆、咖啡豆、棉花、棕榈油、大豆、甘蔗和茶叶）及林业部门为全球可持续发展标准提供了重要的生产数据（面积、产品和生产者）。同时还概述了14条自愿性可持续发展标准（VSS）：4C认证标准、良好棉花发展协会（BCI）认证标准、欧盟Bonsucro认证标准、非洲有机棉认证（CmiA）标准、GLOBAL G.A.P.认证标准、公平贸易国际认证标准、森林管理委员会（FSC）标准、IFOAM国际有机联盟（IFOAM – Organics International）认证标准、森林认证体系认可计划（PEFC）标准、ProTerra基金会标准、棕榈油可持续圆桌

① 本章节作者：Julia Lernoud、Jason Potts、Gregory Sampson、Bernhard Schlatter、Gabriel Huppe、Vivek Voora、Helga Willer和Joseph Wozniak；翻译和作图：中国农业大学经济管理学院博士生导师、国家农业农村发展研究院研究员王玉斌，中国农业大学经济管理学院博士研究生李杰，中国农业大学经济管理学院硕士研究生杜天瑛

会议（RSPO）标准、负责任大豆圆桌会议（RTRS）标准、热带雨林联盟/可持续农业网络（RA / SAN）标准和UTZ标准。

该报告是由瑞士有机农业研究所（FiBL）、国际可持续发展研究所（IISD）和由瑞士经济事务秘书处（SECO）资助的国际贸易中心（ITC）合作完成的第三份研究成果。目前，2017年年度的数据收集正在进行中。

3.1.1 认证面积持续增长

2011—2016年，选定的14个标准所认证的土地面积在其适用的地区均呈现增长趋势，目前至少有1 500万公顷根据以上标准对8种选定作物进行了认证（图3-1）[①]。其中，负责任大豆圆桌会议（RTRS）标准的应用实现了跳跃发展，认证面积扩大到原先的7倍以上；良好棉花发展协会（BCI）认证面积增加了近4倍；非洲有机棉认证（CmiA）面积增加到原先的5倍；同时，4C认证标准和棕榈油可持续圆桌会议（RSPO）的认证区域也在显著增长。

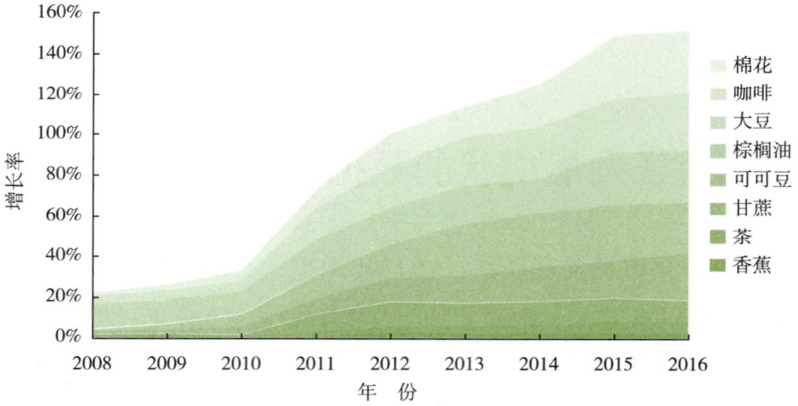

图3-1 2008—2016年全球VSS认证面积增长趋势

数据来源：2018年FiBL-IISD-ITC调查

注：增长率的计算以最小面积作为参考标准

从不同商品种类来看，2015—2016年，可可豆的认证面积增长最大，增长幅度达28%。而其他大多数商品的年增长幅度为个位数，甚至有些商品的面积在这段时间里出现了下滑。例如，棕榈油的认证面积下降了11.5%，甘蔗的认证面积下降了近8%。

① 2011年是报告中涵盖所有自愿性可持续发展标准数据的第一年，GLOBALG.A.P除外，其数据仅自2012年起提供

3.1.2 有机认证仍然是认证领域的领先标准

有机认证是认证面积最大和认证产品种类最多的可持续标准。2016年，超过5 780万公顷的农业生产被认证为有机生产（包括正在进行有机认证的区域），占全球农业用地的1.2%。全球良好农业规范组织（GLOBALG.A.P.）的认证标准使用率排名第二，它的认证面积占全球农业总面积的0.09%。此外，2016年可持续棕榈油圆桌会议（RSPO）的认证面积超过320万公顷，成为认证面积排名第三的认证标准（图3-2）。

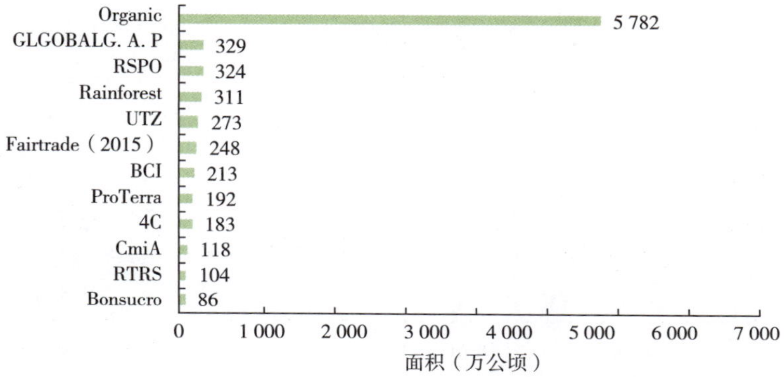

图3-2 2016年各自愿性可持续发展标准认证总面积（仅含农业用地）

数据来源：瑞士有机农业研究所（FiBL）、国际可持续发展研究所（IISD）和国际贸易中心（ITC）2018年调查数据［咖啡认证数据，2016年；良好棉花发展协会（BCI）数据，2018年；欧盟Bonsucro数据，2018年；非洲有机棉认证（CmiA）数据，2018年；公平贸易国际数据，2017年；GLOBALG.A.P.数据，2018年；瑞士有机农业研究所（FiBL）调查数据，2018年；ProTerra基金会数据，2018年；热带雨林联盟（RA）数据，2018年；棕榈油可持续圆桌会议（RSPO）数据，2018年；负责任大豆圆桌会议（RTRS）数据，2014年、2015年、2016年、2018年；UTZ数据，2018年］

3.1.3 各选定农作物行业的亮点

下面将介绍每种选定农作物（香蕉、可可豆、咖啡豆、棉花、棕榈油、甘蔗、大豆和茶叶）以及林业的认证数据概况。由于多重认证的资料较少①，因此在此规定：假设某作物100%多重认证的生产面积为该作物的最小种植面积；假设该作物完全未发生多重认证的生产面积为其最大种植面积。此二者的平均值即为本节估计的认证面积。

① 多重认证：大部分由VSS认证的区域都经过多重认证。在调查中，笔者询问了按国家和不同VSS标准进行多重认证的程度。最大值是各个VSS提供的总面积/产量之和，最小值是具有最大面积的VSS的面积。最大和最小区域之间的平均值即为对给定商品可能的认证区域的估计

香蕉：2016年，香蕉产品得到了VSS中的4个标准的认证，即公平贸易国际标准、GLOBALG.A.P.、有机认证标准及热带雨林联盟/可持续农业网络标准（RA/SAN）。总的来看，香蕉的认证面积至少达到28.9万公顷，占全球种植总面积的5.3%。GLOBALG.A.P.是香蕉商品认证中使用面积最大VSS标准，认证面积超过25.2万公顷。迄今为止是2016年最大的VSS认证香蕉区；2012—2016年香蕉商品认证标准使用增长率最高的VSS标准是热带雨林联盟/可持续农业网络标准（RA/SAN），增长幅度达到87%（图3-3）。

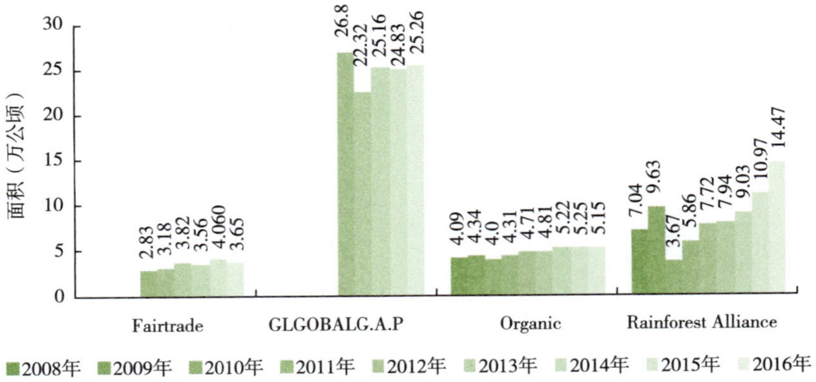

图3-3　2008—2016年全球香蕉自愿性认证面积发展

数据来源：公平贸易国际标准数据，2018年；GLOBALG.A.P.数据，2018年；瑞士有机农业研究所（FiBL）调查数据，2018年；热带雨林联盟（RA）数据，2018年

可可豆：2016年，可可豆产品得到了VSS中的4个标准的认证，即公平贸易国际标准、有机标准、热带雨林联盟/可持续农业网络标准（RA/SAN）和UTZ认证标准。综合来看，可可豆的认证面积至少为230万公顷土地，占全球种植面积的22.8%。UTZ认证标准是可可豆商品种植认证中使用面积最广、增长幅度最大的VSS标准，经UTZ认证的可可豆商品面积为210万公顷，2011—2016年获其认证的可可豆商品增长了3倍（图3-4）。

咖啡：咖啡豆得到了VSS中的5种标准的认证，即4C认证标准、公平贸易国际认证标准、有机认证标准、热带雨林联盟/可持续农业网络认证（RA/SAN）标准和UTZ认证标准。综合而言，认证面积至少为280万公顷，占全球咖啡豆种植面积的25.8%。4C认证标准是咖啡豆商品认证中使用最广泛的VSS认证标准，经过4C标准认证的咖啡豆面积超过180万公顷，2011—2016年4C标准认证的咖啡豆面积增长了2倍，是VSS标准中增长幅度最大的认证标准（图3-5）。

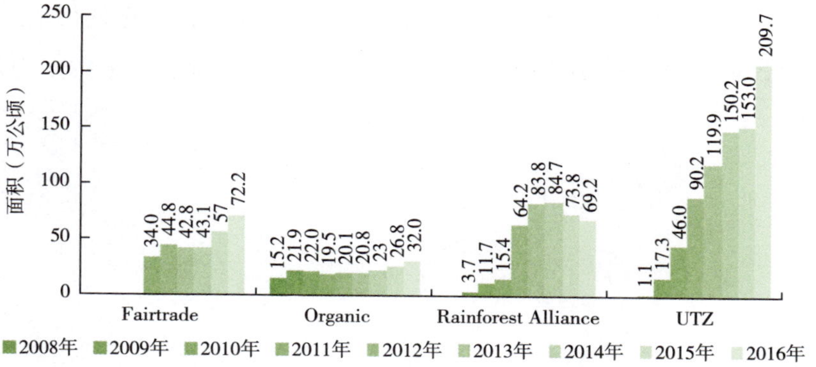

图3-4 2008—2016年全球可可豆自愿性认证面积发展

数据来源：公平贸易国际标准数据，2018年；瑞士有机农业研究所（FiBL）调查数据，2018年；热带雨林联盟（RA）数据，2018年；UTZ数据，2018年

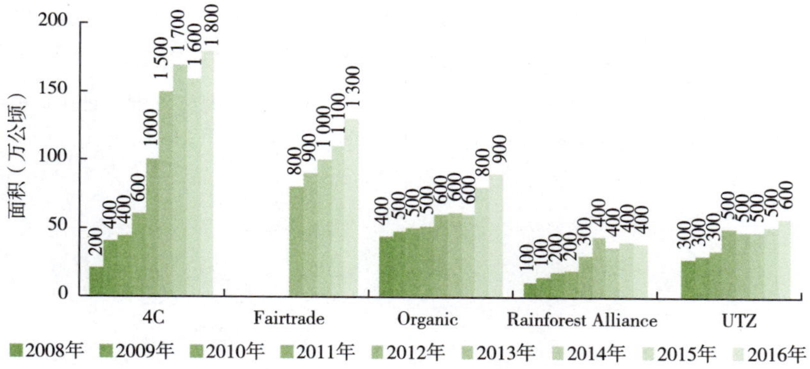

图3-5 2008—2016年全球咖啡自愿性认证面积发展

数据来源：咖啡认证数据，2017年；公平贸易国际认证标准数据，2017年；瑞士有机农业研究所（FiBL）调查数据，2018年；热带雨林联盟（RA）数据，2018年；UTZ认证标准，2018年

棉花：棉花的生产得到了VSS中的4种标准的认证，即良好棉花发展协会（BCI）认证标准、非洲有机棉认证（CmiA）标准、公平贸易国际认证标准、有机认证标准。综合看，棉花的认证面积至少为310万公顷土地，占全球种植面积的10.2%。经良好棉花发展协会（BCI）标准认证的棉花面积为210万公顷，是棉花商品中使用最广泛的VSS认证标准。BCI在棉花商品中被采用的增长幅度最大，2011—2016年期间增长了4倍（图3-6）。

油棕：油棕得到了VSS中的3种标准的认证，即有机认证标准，热带雨林联盟/可持续农业网络（RA/SAN）标准和棕榈油可持续圆桌会议（RSPO）标准。综合而言，油棕的认证面积为246万公顷土地，占全球油棕种植面积的11.7%。经棕榈油可持续圆桌会议（RSPO）标准认证的油棕面积为320万公顷，是棕榈油商品中使用最广泛的VSS认证标准。有机认证标准在棕榈油商品中被采用的增长幅度最大，采用面积2013—2016年增长了两倍（图3-7）。

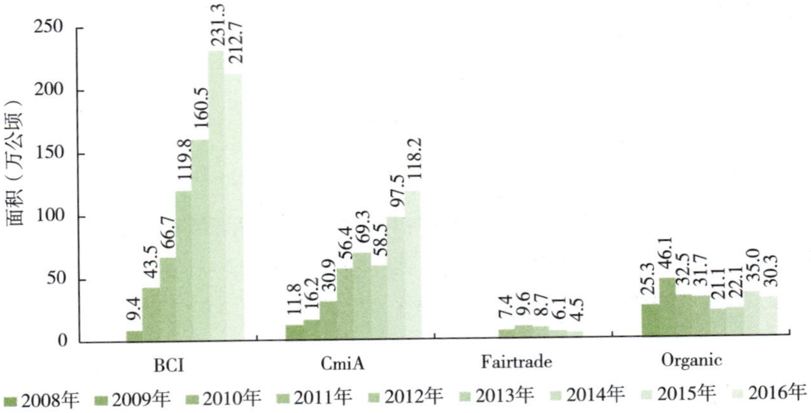

图3-6　2008—2016年全球棉花自愿性认证面积发展

数据来源：良好棉花发展协会（BCI）认证标准，2018年；非洲有机棉认证（CmiA）标准，2018年；公平贸易国际认证标准，2018年；纺织品交易所数据，2018年

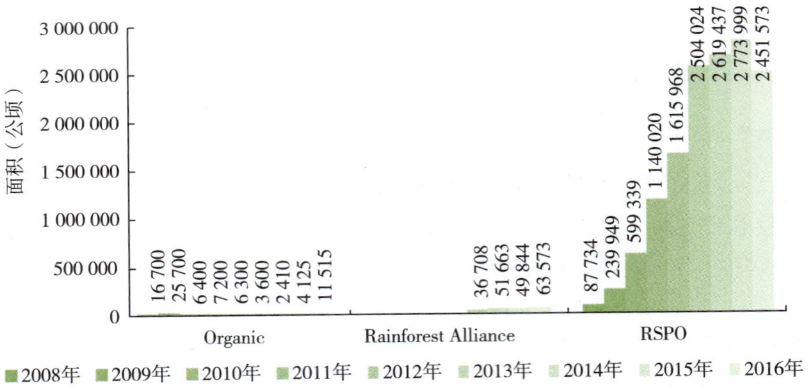

图3-7　2008—2016年全球棕榈油自愿性认证面积发展

数据来源：瑞士有机农业研究所（FiBL）调查数据，2018年；热带雨林联盟（RA）数据，2018年；棕榈油可持续圆桌会议（RSPO）标准数据，2018年

大豆：大豆的生产得到了VSS中的3种标准的认证，即有机认证标准、ProTerra基金会标准和负责任大豆圆桌会议（RTRS）标准。综合来看，大豆的认证面积达260万公顷，占全球大豆种植面积的2.1%。ProTerra基金会标准是大豆商品中使用最广泛的VSS认证标准，经ProTerra基金会标准认证的大豆面积为190万公顷。负责任大豆圆桌会议

（RTRS）标准在大豆商品中被采用的增长幅度最大，2011—2016年认证面积增长了6倍（图3-8）。

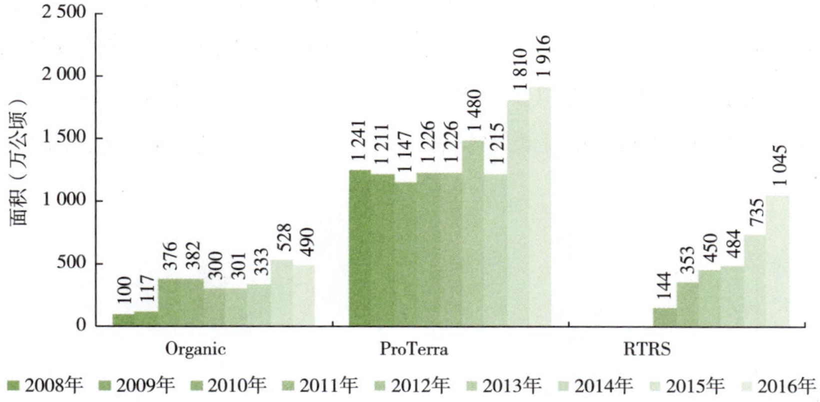

图3-8　2008—2016年全球大豆自愿性认证面积发展

数据来源：瑞士有机农业研究所（FiBL）调查数据，2018年；ProTerra基金会标准数据，2018年；负责任大豆圆桌会议（RTRS）标准数据，2018年

甘蔗：甘蔗得到了VSS中的3种标准的认证，即欧盟Bonsucro认证标准、公平贸易国际认证标准、有机认证标准。综合看，其认证面积为105万公顷土地，占全球甘蔗种植面积的3.9%。欧盟Bonsucro认证标准是甘蔗商品中使用最广泛的VSS认证标准，经欧盟Bonsucro标准认证的甘蔗面积为90万公顷。公平贸易国际认证标准在甘蔗商品中被采用的增长幅度最大，2011—2016年认证面积增长了 1 倍（图3-9）。

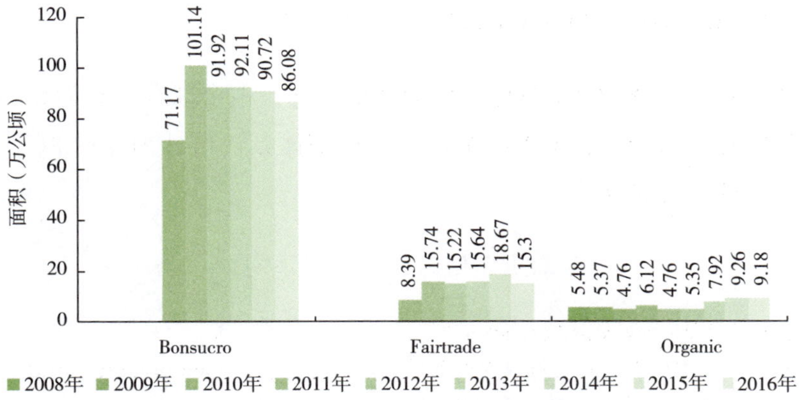

图3-9　2008—2016年全球甘蔗自愿性认证面积发展

数据来源：欧盟Bonsucro认证标准数据，2018年；公平贸易国际认证标准，2018年；瑞士有机农业研究所（FiBL）调查数据，2018年

茶叶：茶叶的生产得到了VSS中的4种标准的认证，即公平贸易国际认证标准、有机认证标准、热带雨林联盟/可持续农业网络（RA/SAN）认证标准和UTZ认证标准。综合而言，茶叶的认证面积为54.2万公顷，占全球茶叶面积的13.2%。热带雨林联盟/可持续农业网络（RA/SAN）认证标准是茶叶商品中使用最广泛的VSS认证标准，经热带雨林联盟/可持续农业网络（RA/SAN）标准认证的茶叶面积近50万公顷。同时该认证标准在茶叶商品中被采用的增长幅度最大，2011—2016年认证面积增长了3倍（图3-10）。

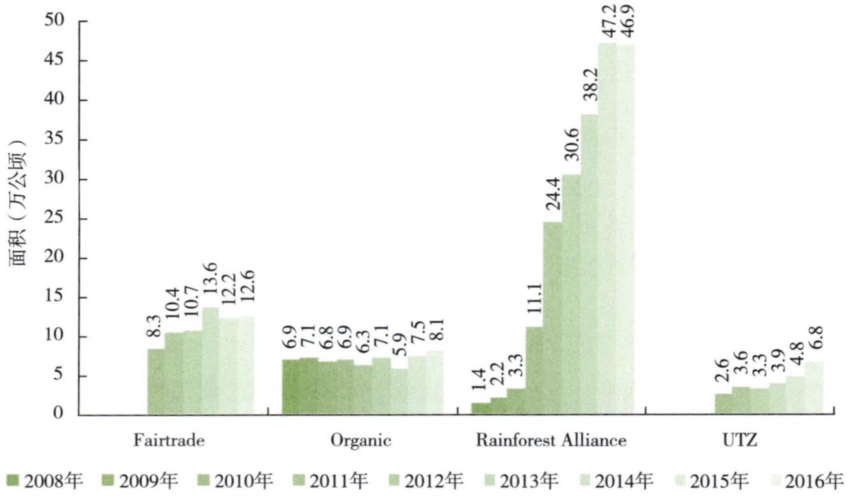

图3-10　2008—2016年全球茶自愿性认证面积发展

数据来源：公平贸易国际认证标准数据，2018年；瑞士有机农业研究所（FiBL）调查数据，2018年；热带雨林联盟（RA）数据，2018年；UTZ认证标准数据，2018年

林业：2016年，全球约有4.28亿公顷的认证森林，占全球森林总面积的近11%。林业部门在森林管理委员会（FSC）标准和森林认证体系认可计划（PEFC）标准之间，估计约有15%的重叠认证率。

获取更多信息请访问以下网址

可持续发展倡议网站地址：www.iisd.org/ssi/
瑞士有机农业研究所（FIBL）全球有机农业在线数据库网站地址：www.organic-world.net
国际贸易中心（ITC）VSS标准在线数据库网站地址：www.standardsmap.org
瑞士有机农业研究所（FIBL）VSS标准网址地址：www.vss.fibl.org/de/vss.html

3.2 有机棉①

3.2.1 全球发展趋势

近年来有机棉纤维的产量变化见图3-11。2016/2017年度是有机棉大获丰收的一年。除全球有机棉提倡的品牌承诺和发展日益增长外，全球的纤维产量也增加了10%。

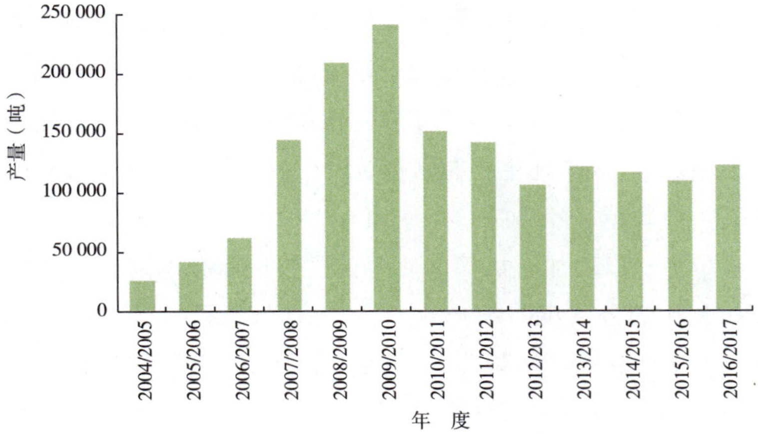

图3-11 全球有机棉纤维产量变化

数据来源：纺织品交易所2018年度有机棉市场报告

数据增长的主要来源在中国，但是其他国家也为全球增长做出了重大贡献，包括坦桑尼亚、乌干达、贝宁、土耳其和美国。

虽然有机棉花仍然只占全球棉花产量的不到1%，但是看一下区域细分后的情况还是很有趣的。例如，吉尔吉斯斯坦的有机棉花产量占其棉花总产量的66.8%，令人印象深刻，而坦桑尼亚和塔吉克斯坦的这一比例则分别为7%和10%。

2016/2017年度，全球共有220 478位农民种植有机棉，共分布在18个国家。他们在

① 本章节是2018年度有机棉市场报告的梗概版，该报告由Liesl Truscott、Evonne Tan、Lisa Emberson和Amish Gosai撰写，且由以下纺织产品交易所大使收集生产数据：Atila Ertem（土耳其和中亚）、Amish Gosai（印度）、Silvio Moraes（拉丁美洲）、Leonard Mtama（东非）、Silvère Tovignan（西非）、Lazare Yombi（西非）和Allen You（中国）。翻译和作图：王玉斌（中国农业大学经济管理学院博士生导师、国家农业农村发展研究院研究员）、李杰和杜天瑛

纺织品交易所（Textile Exchange）2018年度市场报告可查阅：https://textileexchange.org/downloads/2018-organic-cotton-market-report/

更多纺织品交易所信息请登录：https://textileexchange.org/

更多有机棉信息请登录：www.aboutorganiccotton.org

总共47.3万公顷的认证土地上生产了11.8万吨有机棉纤维。生产有机棉前七位的国家分别是印度、中国、吉尔吉斯斯坦、土耳其、塔吉克斯坦、美国和坦桑尼亚，这7个国家的生产总量占据全球总产量的96%。印度的产量占全球产量的一半多，但在2015/2016年度大幅下降，随后在2016/2017年度趋于稳定。

3.2.2 展　望

2016/2017年度一个值得注意的趋势是大量的棉花种植土地转型有机种植，全球共计21.4万公顷。从这个数字来看，它相当于目前已认证有机棉花种植面积的50%。这表明，随着这些土地获得认证，这一数值在未来几年将出现强劲增长。处于转换期的土地有80%以上位于印度，其余土地主要在巴基斯坦、中国、坦桑尼亚和土耳其。

在市场方面，越来越多的品牌开始使用有机棉。越来越多的品牌和零售商制定了目标并签署了承诺书，以增加有机棉的使用。这些目标和承诺要么是在它们自己的推动下建立，要么是作为公共集团承诺的一部分，例如德国纺织品合作伙伴（German Textile Partnership）或者由纺织交易所促成的2025年可持续棉花挑战规划（2025 Sustainable cotton Challenge）中的承诺。这些承诺正在推动供应链的改革，各大品牌纷纷投资寻找创新且长效的解决方案，以确保供应并提高透明度。随着更多方面鼓励和支持有机棉的种植和发展，我们可以看到有机棉在全球范围内值得期待的发展前景。

更多相关信息请查阅纺织品交易所2018年度有机棉市场报告。

3.2.3 各地区生产概况

2016/2017年度有机棉生产量前七位的国家占据全球生产总量的96%。它们分别是：印度（50.60%）、中国（19.16%）、吉尔吉斯斯坦（6.82%）、土耳其（6.59%）、塔吉克斯坦（5.45%）、美国（3.85%）和坦桑尼亚（3.21%）。

其余的4%则来源于埃及（1.48%）、希腊（0.72%）、乌干达（0.65%）、贝宁（0.60%）、布基纳法索（0.42%）、秘鲁（0.29%）、马里（0.11%）、巴西（0.04%）、塞内加尔（0.004%）、泰国（0.004%）和阿根廷（0.000 3%）。

3.2.3.1 非　洲

2016/2017年度，非洲生产有机棉花的国家包括东部的坦桑尼亚和乌干达，以及西部的贝宁、布基纳法索、马里和塞内加尔。总体上，共有2.4万名农民在4.65万公顷的土地上生产了有机棉纤维5 863吨。与上一生长季相比，增长29%。目前非洲占全球有机棉花总产量的5%。除此之外另有19 151公顷（大部分位于坦桑尼亚）的棉花种植地转换为有机种植。

在东非（甚至非洲大陆），有机棉花生产的绝大部分仍在坦桑尼亚，其次是乌干达。随着英国PAN项目[①]获得认证，埃塞俄比亚将在2017/2018年度加入这一行列。在西非，2016/2017年度气候条件良好，加上贝宁和布基纳法索地区农民接受的培训和支助，除了唯一产量下降的马里以外，每个国家的产量都有所增加。

3.2.3.2 中　国

在中国，2016/2017年度有824位农民在1.2万公顷的土地上生产了2.25吨有机棉纤维，比上一年度增长52%。中国目前占全球有机棉花产量的19%，且有5万多公顷的棉花种植地处于有机转换期。

中国的有机棉主要种植在新疆维吾尔自治区，但也有部分生产在甘肃省和湖北省。因为得到了中国国家有机计划（NOP）的认证，中国有机棉产量的增长尤其强劲。中国有一大片土地正在进行有机转换，预计将在未来几年通过认证。

有机棉产量的增长主要是由有机乳制品行业的需求推动的，该行业使用有机棉籽作为奶牛饲料，尤其是在新疆维吾尔自治区。另外国内纺织业的需求也在增加。

3.2.3.3 EMENA地区[②]和中亚

2016/2017年度EMENA地区生产有机棉的国家包括埃及、希腊、吉尔吉斯斯坦、塔吉克斯坦和土耳其，共计有2 614名农民在1.74万公顷土地上生产了2.5万吨有机棉纤维，比上一生产季增长了7%。目前该地区占全球有机棉花产量的21%。另外还有3 887公顷的棉花种植地转为有机种植，其中大部分在土耳其，但也有的在吉尔吉斯斯坦和塔吉克斯坦。

吉尔吉斯斯坦和塔吉克斯坦的产量在经历了两年的产量大幅飙升后，在2016/2017年度略有下降，但埃及和土耳其的产量均有所上升。

据了解，希腊也在生产有机棉，这进一步增加了纤维量。不过目前其有机棉尚不能从轧棉机里分离出来，所以在市场上没有作为有机棉纤维单独出售。

---

① PAN项目是指农药行动网络（Pesticide Action Network），更多信息请登录www.pan-uk.org/

② 指欧洲、中东和北非区域

3.2.3.4 拉丁美洲和加勒比海地区

2016/2017年度，种植有机棉的国家包括巴西、秘鲁和阿根廷。474名农民在1 226公顷土地上总共生产了381吨有机棉纤维，比上一年度增长16%，目前占全球有机棉产量的0.3%。另有460公顷的棉花种植土地正处于有机转换期。

拉丁美洲的有机棉花生产以依靠雨水灌溉的小型家庭农场为主。自2013年以来，该地区的许多关键产区都受到了严重干旱的影响。2017年，气候开始转变回之前更为典型的情况，但农民仍受到往年损失的影响。加上经济不稳定和投资不足，该区域预期的强劲增长尚未实现。

然而，该区域的势头正在增强，一些与大型零售商有联系的机构已表示计划在拉丁美洲和加勒比海地区发展更可持续的供应链。

3.2.3.5 南　亚

2016/2017年度，南亚地区有机棉花生产国包括印度和泰国。巴基斯坦的棉花种植地正处于有机转换期，尚无经过认证的产品。该地区由19万名农民总共生产了5.9万吨有机棉纤维，占地38.8万公顷。尽管总体下降了1.2%，但与上年度20%的降幅相比，下降的速度减缓。事实上，随着该地区18.4万公顷的土地渡过转换期，预计未来几年有机棉产量将出现强劲增长。

印度占该地区总产量的绝大多数（超过99%），占全球总产量的51%。中央邦生产了印度近一半（47%）的有机棉花，其次是奥里萨邦（26%）、古吉拉特邦（14%）和马哈拉施特拉邦（11%）。近年来，印度有机棉花产量下降，部分原因是农民转向种植其他利润更丰厚的有机作物，还有部分原因是一小部分此前获得认证的农民由于污染问题而被降级到转换状态。然而，随着该国17.2万公顷的转换土地达到有机认证，产量趋于稳定，预计未来几年将出现强劲增长。

在巴基斯坦，2016/2017年度没有认证的有机棉生产，但是有1.2万公顷土地正处于有机转换期。在泰国，绿网合作社（Green Net Cooperative）生产了4.2吨有机棉纤维，该项目涉及66个传统渔业家庭。

3.2.3.6 美　国

在美国，2016/2017年度，58位农民在8 369公顷的土地上生产了4 529吨的有机棉纤维，比上一年度增长26%。美国现在占全球有机棉花产量的4%。得克萨斯州有机棉花营销合作社（TOCMC）是位于得克萨斯州西部高原的35个家庭农户组成的合作社。

在2016/2017年度，该合作社占美国有机棉花产量的84%。剩余的产量分布在得克萨斯州、新墨西哥州和北卡罗来纳州的其他农民之间。值得一提的是，得克萨斯州有机棉花销售合作社（TOCMC）仍然在将其余的种植土地转变为有机生产，目前有496公顷正在转换阶段。

3.2.3.7 有机和纺织标准

有机棉种植在轮作系统中，可以建立土壤肥力，保护生物多样性，并且不使用任何合成化学品或遗传改良生物。有机棉生产符合有机生产的国家法律，包括欧洲联盟理事会（EC）2007年6月28日第834/2007号规例关于有机生产和有机产品标签方面的规定、美国农业部国家有机项目（NOP）以及印度有机生产国家计划（NPOP）。

自愿标准、全球有机纺织品标准（GOTS）和有机含量标准（OCS）提供从农场到最终产品的监管链保证，另外全球有机纺织品标准（GOTS）也处理纺织品加工的相关问题。2017年，分别有3 643和5 024个设施获得了有机含量标准（OCS）和全球有机纺织品标准（GOTS）的认证。

3.2.4 全球有机棉行业的里程碑事件

全球有机棉行业的里程碑事件见表3-1。

表3-1 有机棉行业的里程碑事件

年 份	事 件
1990	有机在美国获得合法地位
1991	有机在欧盟获得合法地位
1992	首次获得认证的有机棉在土耳其生产，由国际海事组织（IMO）认证
1996	巴塔哥尼亚成为第一家致力于将所用棉花全部转为有机棉的大型服装公司
2002	成立有机交易所（现纺织交易所）
2002	有机和公平贸易能力中心由赫尔韦塔斯和瑞士国家经济事务秘书处发起，最初的重点是棉花
2004	OE 100和OE混合标准，即现在的有机含量标准（OCS），是由有机交易所（现纺织交易所）制定的
2008	全球有机纺织品标准（GOTS）认证体系正式启动
2009	全球有机棉社区平台由ICCO、瑞士国家经济事务秘书处、瑞士发展与合作协会和纺织品交易所发起

（续表）

年份	事件
2011	达尔瓦德宣言由FiBL、bioRe以及达尔瓦德农业科技大学共同发起，旨在提高非转基因棉花品种的使用能力、获得渠道和品质
2011	绿色棉花项目由FiBL和Stiftung Mercator共同发起，以有机棉种子选育和遗传多样性为重点
2012	纺织交易所在香港发起全球有机棉圆桌会议
2012	土壤协会和全球有机纺织品标准（GOTS）发起了第一次全球有机棉运动“你明白有机棉了吗？（Have You Cottoned On Yet?）”
2014	启动有机棉加速器，这是一个通过全行业合作和知识共享来支持有机棉花增长的非营利组织
2014	发起Chetna联盟，这是一个由品牌和制造商组成的联盟，旨在共同创造价值并降低有机棉采购的风险
2014	第一份有机棉生命周期评估报告由PE国际（现Thinkstep）和纺织品交易所发布
2014	有机与公平棉花秘书处由C&A基金会支持，旨在建立负责且可信的有机棉花供应链，提高印度中央邦农民的生计
2015	有机贸易协会的有机纤维理事会成立
2015	纺织品交易所设立微型网站about organic cotton.org，致力于有机棉花
2017	再生有机认证框架第一稿颁布
2017	由纺织交易所主办的首届土耳其、埃及、中亚地区有机棉圆桌会议在土耳其伊兹密尔市举行
2018	由纺织交易所主办的首届西非地区有机棉圆桌会议在布基纳法索的古都古市举行

注：本表由纺织品交易所Liesl Truscott、Evonne Tan、Lisa Emberson和Amish Gosai编制

扩展阅读

纺织品交易所2018年度有机棉市场报告、巴斯纺织品交易所等相关信息可登录：https://textileexchange.org/downloads/2018-organic-cotton-market-report/

参考文献

Julia Lernoud，Jason Potts，Gregory Sampson，Bernhard Schlatter，Gabriel Huppe，Vivek Voora，Helga Willer，Joseph Wozniak. 2018. 可持续市场发展现状：2018年数据统计和趋势分析[M]. 国际贸易中心（ITC），瑞士日内瓦

4 全球有机食品（含饮料）市场[1]

4.1 概　况

2017年的有机食品市场继续保持积极态势，全球销售额达到970亿美元（含饮品）[2]。虽然如今几乎每个国家都种植有机作物，但市场需求仍然比较集中。如图4-1所示，北美洲和欧洲贡献了约90%的全球销售额[3]；而这两个地区仅占有机用地总面积

---

① 本章作者：Amarjit Sahota（Ecovia Intelligence总裁）；翻译：姚韫喆；作图：赵惠娟。本章根据Ecovia Intelligence公司（以前称为Organic Monitor）在“有机食品和饮料的全球市场”项目的研究编写。未经Ecovia Intelligence书面同意，本章内容不得复制或用于其他商业出版物。要申请许可，请写信至：

Ecovia Intelligence
20B The Mall，London W5 2PJ
Tel. +44 20 8567 0788
Email：services@ecoviaint.com

② 根据中欧银行的数据，2017年，1欧元=1.129 7美元

③ 请注意，由于方法的不同，本章中的一些数据与FiBL调查框架中收集的数据不同

的1/4。虽然内部市场正在发展，但亚洲、非洲和拉丁美洲所种植的大部分有机作物仍然主要用于出口。

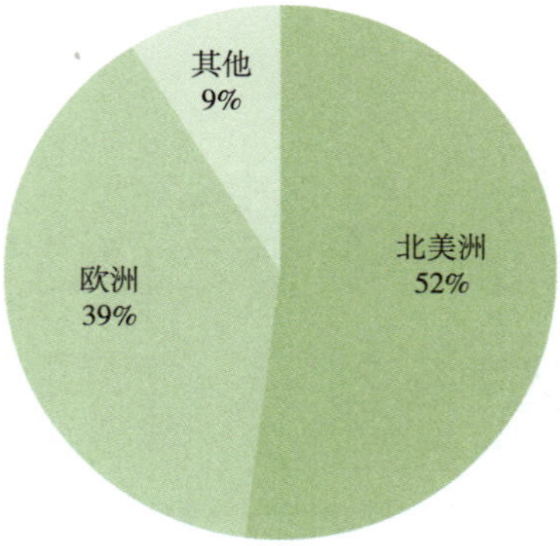

图4–1　2017年主要地区的有机食品销售情况细分

数据来源：*The Global Market for Organic Food & Drink*（Ecovia Intelligence著，计算与FiBL有所不同）

4.2　北美洲

2017年北美洲有机食品市场总销售额为487亿美元，仍然处于全球领先地位。其中，美国拥有世界上最大的有机食品市场，年销售额达到452亿美元。

北美有机食品市场的关键词是兼并、收购和投资，这些商业活动所导致的大型运营商几乎存在于供应链的各个层面。作为一家领先的有机食品企业，Whitewave Foods便是通过收购和合并组建的。而2016年7月，法国跨国公司达能（Danone）以125亿美元的价格收购了Whitewave Foods。美国大型食品公司General Mills于2014年收购了Annie's。此外，它还拥有其他一些有机食品品牌。UNFI是一家领先的有机食品批发商和分销商，2018年7月它收购了Supervalu。后者是一家传统的连锁超市，拥有约3 000家美国零售店。

在零售方面，美国全食超市通过在美国、加拿大和英国收购竞争者，成为全球最大的天然和有机食品零售商。之后，于2017年6月，它又被亚马逊以137亿美元的价格收购。目前亚马逊正在其线上平台积极推广全食超市的365零售店及相关自有品牌。

零售商自有品牌在北美发挥着重要作用。第二大食品零售商Kroger宣布2017年其自有品牌Simple Truth的产品销售额超过20亿美元。Simple Truth品牌拥有各种有机、天然和特定成分免除产品。

4.3 欧　洲

2017年，欧洲有机食品市场销售额达396亿美元，是世界第二大市场。大多数欧洲国家继续保持着市场的健康增长，个别国家（如法国和丹麦）报告出现了异常增长。如本书后面将会讲述，欧洲市场规模与人均销售额之间存在显著差异。

欧洲市场聚集的有机食品零售商数量是全球最多的。这些零售商大多数位于德国、法国和意大利。然而，大部分的市场增长却来自主流零售商，如超市、大型超市和折扣店。几乎所有领先的食品零售商都提供自有品牌有机食品。在瑞士和丹麦等国家，零售商自有品牌在许多有机产品类别的销售额中都占有较大份额。

同时，在餐饮和食品服务行业里，有机食品市场的拓展也取得了进展。越来越多的餐馆、咖啡馆、酒吧和餐厅开始使用有机食材或提供有机产品。一些国家的政府现在也鼓励学校和政府餐厅使用有机食材。

虽然，中欧和东欧的国家是有机农作物传统且重要的种植者和出口国，例如波兰、匈牙利和罗马尼亚。但是，这些国家在内部市场的发展上是相对缓慢的。

4.4 其他地区

2017年，亚洲、澳大拉西亚（泛指大洋洲和太平洋岛屿）和其他地区的有机食品市场销售额总计达到87亿美元。

其中，亚洲拥有第三大有机产品市场。从历史上看，最重要的消费市场在日本和韩国；而目前，大多数的发展都发生在中国和印度。为了迎合当地市场的发展需求，亚洲有不少有机食品企业为此成立。例如，在过去10年中，有10余家有机乳制品公司在中国成立，其产品供应国内市场。

目前亚洲各国的有机食品市场正在从出口向国内销售转型。随着越来越多的中产阶级寻求更健康的食品，同时希望避免有争议的农业化学品，有机食品的需求愈加旺盛。

巴西则是拉丁美洲最大的有机产品市场。与亚洲相似，寻求健康营养食品的中产阶级是巴西市场最大的需求来源。大多数有机食品由传统的食品零售商销售。同时，由于许多生产者直接向消费者销售产品，所以这里的农民市场也很重要。而其他拉丁美洲国家的有机食品市场都以出口为导向，如阿根廷、秘鲁、智利和哥伦比亚。

另外，澳大利亚和新西兰也是有机产品重要的市场。这两个国家都是市场主要的出口国，其有机产品包括牛肉、羊肉、猕猴桃、苹果、梨、洋葱、葡萄酒和乳制品。

4.5 挑战与发展前景

几十年来，有机食品销售一直以持续稳步的速度增长，如今销售额达到近1 000亿美元。随着行业达到这个重要的里程碑，面前的挑战也值得我们注意。

第一个挑战是有机行业标准的数量依旧在不断增加。目前全球共有80多个国家级的有机农业行业标准，如果考虑私人或公益组织的标准，数量更远远不止这些。虽然主要市场（欧洲和美国）有着统一的认证标准，但其他地区的运营商必须进行多种认证。不断有像Regenerative Organic这样的新民间标准（于2018年3月推出）推出，更加增加了认证的复杂性。

第二个挑战是需求集中。虽然目前有181个国家在种植有机农作物，但其中两个地区的有机食品销售占据了总额的近90%。如果有机食品要真正地成为国际市场的主流，有机食品不应被视为“奢侈品”。并且，拉丁美洲、亚洲和非洲都需要大力发展国内市场。

第三个挑战是供应短缺，因为有机食品市场似乎处于供不应求的现况。有机食品销售额在2003—2017年间增长了近3倍；然而，有机农地面积的增加则相对较少。依照这种趋势，有机食品供应不足有很大可能会发生。

第四个挑战是贸易协定令人担心。全球有机食品行业也受到了贸易战和地缘政治的影响。例如，美国和中国自2017年以来一直处于贸易战之中。这严重打击了美国的农业出口，包括大豆、玉米、水果、蔬菜、坚果和乳制品等传统与有机的农产品。同样，由于英国有机食品的大多数有机原料来源是其他欧洲国家，产品的出口目的地也是欧洲国家，英国脱欧将对其有机食品行业产生巨大影响。

第五个挑战是标签之间的竞争。虽然“有机”是主要的生态标签，但食品行业现在已有200多个标签具有道德或可持续性相关的属性。当消费者想要购买与健康或者可持续有关的食品时，可以选择参考的标签非常多。单从道德方面而言，与“有机”竞争的标签就有“公平贸易”“非转基因”“雨林联盟”等。此外，还有来自纯素食品和特定成分免除食品（如无麸质、无乳制品等）的竞争。

4.6 全球有机食品市场的里程碑事件

全球有机食品市场的里程碑事件见表4-1。

表4–1 全球有机食品市场的里程碑事件

年 份	事 件
1999	全球有机市场数据《有机食品和饮料：世界供应和主要欧洲市场》首次由日内瓦国际贸易中心ITC发布
2001	Organic Monitor（现称为Ecovia Intelligence）成立，旨在分析有机产品的全球市场
2001	全球有机食品销售额达到200亿美元
2001	德国推出国家有机标志“Bio-Siegel”
2002	日本出台国家有机食品农业标准
2002	美国农业部实施国家有机计划（NOP）
2004	欧盟扩张导致欧洲有机农业面积增加14%
2004	韩国政府出台国家有机计划
2005	中国出台国家有机食品农业标准
2008	全球有机食品销售额超过500亿美元
2009	欧盟实施修订版有机法规
2009	巴西出台国家有机食品农业标准
2009	美国与加拿大签订有机等效协议
2009	欧洲阶段性超过北美，成为最大的有机食品市场
2010	现行欧盟有机标志的推出
2012	美国和欧盟签订新的有机等效协议
2013	Whitewave Foods收购Earthbound Farm，并成为主要的有机食品企业
2014	中国市场对有机婴儿食品需求激增，中国成为有机婴儿配方奶粉的最大市场
2016	美国通过转基因标签法案，当年非转基因产品销售额达到200亿美元
2017	亚马逊收购了全球领先的天然有机食品零售商全食超市

注：本表由Eovia Intelligence公司总裁Amarjit Sahota编写

5 标准、法规和政策

5.1 标准和法规[①]

2018年，有机行业的标准和法规有许多新动向。欧盟开始着手落实新的有机法，此新法规将于2021年全面实施。并且在2019—2020年将授权和实施关于生产、控制和交易的次级法规。俄罗斯已通过有机生产的法律，并将于2020生效。乌克兰于2018年8月通过了有机法案，此法案将于2019年8月生效。白俄罗斯有机立法的协商已经到最后阶段，预计将于2019年年初实施。

5.1.1 全球有机立法现状

FiBL对于有机立法和公共标准的研究表明，截至2018年，全球已有93个国家制定了有机法规。另外有16个国家正在起草相关法案。其中一些国家除了第三方有机认证

① 本章节作者：FiBL的Beate Huber、Otto Schmid、Verena Batlogg，以及IFOAM国际有机联盟的Flávia Moura e Castro；翻译：王金和牛雨曦

机构外，还明确认可了参与式保障体系（PGS）。法规方面的数据来源于世界各地不同的政府部门与专家。我们直接根据受访人员的反馈意见，将法规类别定义为“不完全实施”和“全面实施”，但是这些信息没有经过验证。大多数国家的政府部门和专家均有所反馈，对于未反馈的国家这里认为尚未通过有机生产的法律。应当指出的是，表5-1中的一些国家虽然有相关的法规，但是没有执行。表5-1中标注为“未完全施行”的国家，一部分是因为其法规近期才通过，仍然处于完善的过程中；另一部分国家已经立法，但并没有为其提供实施所需的相应资源。正在起草有机法规的国家名单见表5-2。

表5-1　具有有机农业法规的国家清单

地　区	国　家	法规状态
欧盟地区（28个）①	奥地利	全面实施
	比利时	全面实施
	保加利亚	全面实施
	克罗地亚	全面实施
	塞浦路斯	全面实施
	捷克共和国	全面实施
	丹麦	全面实施
	爱沙尼亚	全面实施
	芬兰	全面实施
	法国	全面实施
	德国	全面实施
	希腊	全面实施
	匈牙利	全面实施
	爱尔兰	全面实施
	意大利	全面实施
	拉脱维亚	全面实施
	立陶宛	全面实施

① 欧盟官方公报（2007）：规章（EC）No 834/2007，2007年6月28日，有机生产和有机产品标签及废除条例（EEC）No 2092/91，可查询eur-lex.europa.eu/LexUriServ/LexUriServ.do?uri=OJ:L:2007:189:0001:0023:EN:PDF

（续表）

地 区	国 家	法规状态
欧盟地区（28个）	卢森堡	全面实施
	马耳他	全面实施
	波兰	全面实施
	葡萄牙	全面实施
	罗马尼亚	全面实施
	斯洛伐克共和国	全面实施
	斯洛文尼亚	全面实施
	西班牙	全面实施
	瑞典	全面实施
	荷兰	全面实施
	英国	全面实施
非欧盟地区（14个）	阿尔巴尼亚	全面实施
	白俄罗斯	未完全实施
	冰岛	全面实施
	科索沃	未完全实施
	列支敦士登	全面实施
	马其顿，前南斯拉夫马其顿共和国	全面实施
	摩尔多瓦	全面实施
	黑山	全面实施
	挪威	全面实施
	塞尔维亚	全面实施
	瑞士①	全面实施
	俄国	未完全实施
	土耳其	全面实施
	乌克兰	未完全实施

① 有关瑞士相关法律，请访问www.admin.ch/ch/d/sr/c910_18.html

（续表）

地　区	国　家	法规状态
亚太地区（27个）	亚美尼亚	未完全实施
	澳大利亚	全面实施
	阿塞拜疆	未完全实施
	中国	全面实施
	法属波利尼西亚	全面实施
	格鲁吉亚	全面实施
	印度①	全面实施
	印度尼西亚	全面实施
	伊朗	全面实施
	以色列	全面实施
	日本②	全面实施
	约旦	未完全实施
	哈萨克斯坦	未完全实施
	韩国	全面实施
	黎巴嫩	全面实施
	马来西亚	全面实施
	蒙古	未完全实施
	新喀里多尼亚	全面实施
	新西兰③	全面实施
	菲律宾	未完全实施
	沙特阿拉伯	全面实施
	所罗门群岛	未完全实施

① 有关印度国家有机生产计划（NPOP）的信息，请访问 www.apeda.gov.in/apedawebsite/organic/index.htm

② 有关有机植物和有机加工食品的日本农业标准（JAS）的信息，请访问http://www.maff.go.jp/e/policies/standard/jas/specific/attach/pdf/criteria_o-1.pd

③ 有关新西兰食品安全局（NZFSA）有机产品官方保证计划，请访问www.foodsafety.govt.nz/industry/sectors/organics

（续表）

地　区	国　家	法规状态
亚太地区（27个）	台湾（中国）	未完全实施
	塔吉克斯坦	未完全实施
	泰国[①]	全面实施
	阿拉伯联合酋长国	未完全实施
	越南	未完全实施
美洲与加勒比地区（22个）	阿根廷	全面实施
	玻利维亚	全面实施
	巴西	全面实施
	加拿大	全面实施
	智利	全面实施
	哥伦比亚	全面实施
	哥斯达黎加	全面实施
	古巴	未完全实施
	多米尼加共和国	全面实施
	厄瓜多尔	全面实施
	萨尔瓦多	未完全实施
	危地马拉	全面实施
	洪都拉斯	全面实施
	牙买加	未完全实施
	墨西哥	全面实施
	尼加拉瓜	全面实施
	巴拿马	全面实施
	巴拉圭	全面实施
	秘鲁	全面实施
	乌拉圭	全面实施

① 有关泰国国家农业商品和食品标准局，请访问www.acfs.go.th/eng/index.php

（续表）

地　区	国　家	法规状态
美洲与加勒比地区（22个）	美国	全面实施
	委内瑞拉	未完全实施
非洲（2个）	摩洛哥	全面实施
	突尼斯	全面实施

表5-2　正在起草有机法规的国家清单

地　区	国　家
欧洲（1个）	波斯尼亚和黑赛哥维那
亚洲和太平洋地区（6个）	孟加拉国、不丹、吉尔吉斯斯坦、尼泊尔、巴基斯坦、斯里兰卡
美洲和加勒比地区（2个）	格林纳达、圣卢西亚
非洲（7个）	阿尔及利亚、布隆迪、埃及、肯尼亚、南非、苏丹、乌干达

注：如对列表信息有相关修改建议，或者未被列入的国家要提供信息，请联系贝亚特·休伯（beate.huber@fibl.org）。被国际有机运动提倡的有机法案和公共标准已在列于IFOAM系列标准表格中，有关IFOAM系列标准的详细信息，请查询https：//www.ifoam.bio/en/ifoam-family-standards-0

一些国家没有进行有机农业立法，但具有相关的国家或地区级别的生产标准。这些公共标准为该国家或地区提供了有机产品的定义，也为认证活动提供了参考依据。《东非有机标准》就是这样的一个例子。这个标准不需要政府部门实施国家监管和审批。表5-3列出了非洲、亚洲和大洋洲的29个国家，这些国家已落实相应的国家或地区的有机标准于有机农业生产中。

表5-3　2018年有国家标准但没有立法的国家

地　区	国　家
亚洲和太平洋地区（20个）	巴林、不丹、文莱达鲁萨兰国、斐济、基里巴斯（密克罗尼西亚）*、吉尔吉斯斯坦、老挝、马绍尔群岛（密克罗尼西亚）*、密克罗尼西亚、瑙鲁（密克罗尼西亚）*、尼泊尔、帕劳（密克罗尼西亚）*、巴布亚新几内亚、卡塔尔、萨摩亚、新加坡、所罗门群岛、汤加*、图瓦卢、瓦努阿图（美拉尼西亚）
非洲（9个）	布隆迪湾、埃及、肯尼亚**、卢旺达**、南非、坦桑尼亚**、乌干达**、赞比亚、津巴布韦

注：*为太平洋区域有机标准；**为东非有机产品标准

数据来源：Verena Batlogg和Beate Huber于2019年1月开展的调查

5.1.2 国际食品法典应用指南的最新进展①

除了私人机构，如IFOAM国际有机联盟和国家权威机关外，联合国粮食农业组织（FAO）、世界卫生组织（WHO）、联合国贸易暨发展会议（UNCTAD）等联合国组织也同样需要明确及统一的条例。国际食品法典委员会于1999年6月通过了种植业指南，于2001年7月通过了畜牧生产指南。同时向正在建立有机食品国家法规的政府提供指导。国际食品法典应用指南于2013年作了最新的更新。国际食品法典应用指南有机农业部分的历年工作，记录在先前版本的《世界有机农业》中（Huber等著）。

食品标签法典委员会（CCFL）近期正在推进水产相关的有机农业工作。2011年有机水产养殖和海藻生产作为有机新领域获得批准。然而经过几次起草会议的讨论，2016年食品标签法典委员会决定要么停止制定水产养殖指南，要么制定另一附属机构来继续开展这项工作。在一些比较有争议的问题上并没有找到可妥协或折中的措施，比如幼崽的使用、再循环或密封系统的使用、繁育技术、饲料来源、对激素使用的限制或禁止、转换期等。因此法典无法再进行有关水产方面的法规修订。

由于食品标签法典委员会的这些讨论，IFOAM重新考虑了其针对水产的标准。2017年11月，IFOAM国际有机联盟在例会中通过了一项关于有机水产的提议：在一定的限制内，允许将和环境结合的循环系统包含在有机水产当中。

由于没有成员国有修订有机指南的急需，2017年和2019年的食品标签法典大会没有将有机食品指南纳入会议日程中。

5.1.3 主要经济体的进口需求

有机产品的主要进口市场是欧盟、美国、加拿大和日本，这些市场对有机产品的进口都有着严格的规定。在欧盟、美国、加拿大和日本，只有被相应的主管机关认可的认证机构认证的产品才能进口。只有满足进口国家的相关承诺或要求时，认证机构才能获得批准，有两个途径均可达成这一目的：①进出口国家签订双边协议；②认证机构被进口国家直接认可。

5.1.3.1 进出口国家的双边协议

美国、欧盟、加拿大和日本等大多数的进口国家都有认证等效协议（认可其他国

① 有关食品法典的信息，请访问http://www.fao.org/docrep/005/Y2772E/Y2772E00.HTM

家的管理体系和相关标准符合本国要求，这些国家的有机产品能够直接在本国出售）。双边协议主要基于政府间的政治协商和谈判，同时也会基于技术评估。

除了欧盟的畜产品、美国的苹果与梨需要进行额外的认证之外，美国和欧盟相互认可对方的管理体系和相关标准。关于葡萄酒双方也有额外规定。此外，水产品并不包含在此协议当中。

美国和加拿大于2009年签订了双方第一个双边协议。基于平等原则，由美国农业部批准的认证机构依据美国国家有机认证计划（NOP）[①]认证的生产者和加工商，不需要通过加拿大有机产品（COPR）标准认证便可在加拿大认定为有机产品。同样，依据加拿大COPR标准认证的有机产品在美国同样可作为有机产品进行标识和销售[②]。美国和日本、韩国、瑞士都有相关的双边协定。目前美国正在对墨西哥有机产品管理体系进行评估。2016年10月美国农业部（USDA）和墨西哥达成了共识，要求两国有机食品进口贸易提供相关认证证书。USDA和墨西哥动植物健康、食品安全和质量国家服务中心（SENASICA）正在将评估双方的有机认证系统，以决定是否可在美国和墨西哥两国之间建立等效协议。

加拿大已经和美国、欧盟、哥斯达黎加、日本和瑞士签订了等效协议。

目前有13个国家[③]的标准被欧盟认可等效于欧盟标准（即第三国名单）。智利于2017年达成了贸易协定，成为最近加入的国家。

美国接受了几个外国政府的认可程序。根据美国有机项目计划（NOP），虽然没有美国农业部的直接认可，但是印度、以色列和新西兰按照美国要求认可的认证机构被美国农业部所接受。这仅限于认证过程，各认证机构必须还要满足NOP的相关要求。有机贸易协会（OTA）网站www.globalorganictrade.com上提供了有机贸易立法和美国与其他国家之间协议的概述。

5.1.3.2 被进口国家接受的认证机构

美国、欧盟和日本针对境外认证机构有相关要求。其中技术要求很难达到，并且相关费用很高。持续认定和/或必要的认可需要认证机构投入大量的财力和人力。

只有经过欧盟委员会认可的检查机构或官方机构认证的产品才能进口到欧盟。根

---

① 国家有机计划（NOP）详情可参考www.ams.usda.gov/AMSv1.0/NOP

② 美国和加拿大之间关于美国的硝酸钠、水培和牲畜，以及加拿大牲畜抗生素有豁免协议

③ 这13个国家包括阿根廷、澳大利亚、加拿大、智利、哥斯达黎加、印度、以色列、日本、新西兰、大韩民国、瑞士、突尼斯和美国

据欧盟1235/2008条例，欧盟公布了认可的非欧盟国家的认证机构和官方机构名单。从2012年7月1日起，名单上机构认证的产品可以进口到欧盟。

美国为认证机构提供许可。检查必须由经过NOP问卷相关培训的检查员进行，而且只接受美国农业部（USDA）认可的机构颁发的证书。这和该机构是否在美国境内并不相关。目前大约有80家机构得到美国农业部相关授权，可以依据美国农业部有机标准开展农场和贸易认证。这些机构大多数同样获得了世界上其他国家的认可。

5.1.4 有机立法工作的里程碑事件

有机立法工作的里程碑事件见表5-4。

表5-4 有机立法工作里程碑事件

年 份	事 件
1980	首个IFOAM基本标准
1983	奥地利率先采用了有机农业国家规则［Österreichisches Lebensmittelbuch（Codex）Kapitel A.8］
1990	美国发布了1990年有机食品生产法案。2002年，该法案为国家有机计划（NOP）确立了在美国境内销售，标注或称作“有机”的农产品的法律依据
1991	欧盟发布了有机生产的理事会条例（EEC）2092/91
1992	采用IFOAM标准为有机认证的标准
1993	欧盟有机生产的理事会条例（EEC）2092/91生效
1997	美国农业部（USDA）发布了第一份有机标准的详细草案
1999	食品法典委员会引入了《有机食品生产，加工，标注和营销指南》
2000	关于有机生产的理事会条例（EEC）2092/91经修订，涵盖了有机养殖部分
2000	日本有机植物和植物来源的有机加工食品的日本农业标准（JAS）被采用
2001	食品法典委员会引入了关于畜牧业的有机指南
2002	美国国家有机计划（NOP）生效（开始实施）
2008	欧盟废除了有机生产的理事会条例（EEC）2092/91，并于2007年6月28日发布了有机生产和标注理事会条例（EC）No 834/2007
2010	推出IFOAM新的有机保障体系
2018	欧洲议会和理事会2018年8月30日通过关于有机产品的有机生产和标注的欧盟2018/848号条例，并废除理事会条例（EC）No 834/2007

注：本表由Beate Huber和Otto Schmid编写，FiBL

5.2 2018年参与式保障体系（PGS）[①]

参与式保障体系（PGS）是以“当地”为重点的质量保障体系。PGS基于当地利益相关者的积极参与，对生产农户进行评估，并建立在信任、社会网络和知识共享的基础之上（IFOAM定义，2008）[②]。PGS尤其适用于小农户和当地市场，因此自2004年以来，全球范围内PGS的提案以及参与其中的生产者数量日益增长。

IFOAM国际有机联盟是唯一一个在全球范围内收集PGS相关数据的组织。迄今为止，在我们的PGS数据库中记录了67个国家和超过240个PGS项目，有39.1万余名生产者参与并有14.3万生产者获得了认证[③]。

目前印度拥有最多参与PGS的生产者，共计33.3万名，其中至少11.3万家通过认证。仅有3个国家拥有超过5 000名PGS参与者：玻利维亚（9 284名参与者，其中8 164名通过认证），乌干达（2 216名通过/9 273名参与）和巴西（至少5 401名通过认证[④]）。

5.2.1 各区域发展情况

5.2.1.1 亚 洲

亚洲拥有最多的PGS生产者，至少有34.3万家参与，其中11.6万家获得PGS认证。这个成绩与过去几年PGS在全亚洲的扩展自然密不可分，但是其中最主要因为印度农民大量参与PGS，特别是通过政府发起的、印度国家有机农业中心（NCOF）执行的PGS-India计划。自2018年7月起实施的新法规强制要求有机认证，并将PGS-印度和国家有机生产计划（NPOP）视为验证是否符合有机标准的两种可能的系统。2017—2018年，该国参与PGS的生产者数量增加了24%，而PGS认证生产者的数量增加了58%。在印度之后，亚洲参与PGS的生产者人数最多的是韩国（2 000名）和菲律宾（1 970人）。就获得认证的生产者而言，泰国（1 116人）在该地区排名第二，仅次于印度。此外，亚洲也是目前正在开发PGS计划最多的地区（38项）。

---

① 本章节作者：Jolle Katto-Andrighetto、Cornelia Kirchner、Flavia Moura e Castro和Federica Varini；翻译：阴雪彤

② 更多关于IFOAM有机农业定义可在IFOAM官网查询，请登录https://www.ifoam.bio/en/organic-landmarks/definition-organic-agriculture

③ 数据汇编于2018年10月

④ 巴西数据可在线查看并由主管当局按时更新，请登录http://www.agricultura.gov.br/assuntos/sustentabilidade/organicos/cadastro-nacional-produtores-organicos。本章节巴西信息未包括参与PGS的生产者但尚未获得认证，以及正在开发中的PGS计划

5.2.1.2 拉丁美洲与中美洲

拉丁美洲与中美洲目前在进行中的PGS计划共有156个，全球最多。共计2.3万余名生产者参与，其中有1.8万家获得认证。数量最多的国家巴西有26个正在进行中的计划，其次的智利有15个，且后者在2017—2018年实现了超过50%的数量增长。这两个国家都将PGS视为其法规中验证有机标准符合度的可能系统之一，并在近期签署了一份谅解备忘录，用以推动有机生产贸易，其中包括了PGS认证产品。玻利维亚仍是该区域拥有最多参与者（9 284名）与被认证生产者（8 164名）的国家。其次是巴西（至少5 401名认证生产者）和秘鲁（3 244名参与者与3 014名认证生产者）。

5.2.1.3 非　洲

非洲约有近1.8万名PGS参与者，其中4 650名获得认证。该区域目前正在进行中的计划共有25个，与2017年（56名）的数据相比存在明显下滑。原因是有不少PGS计划合并后归属在少量PGS项目组下（此前的数据中被单独作为PGS计划）。

5.2.1.4 大洋洲

至少有3 905名大洋洲生产者参与了PGS计划，2 633名获得了认证。这与2017年（1 385名）数据相比显著上升。其中主要的原因是瓦努拉图对PGS的发展，该国家拥有该地区最多的PGS认证生产者（1 184名），其次是斐济（2 199名参与，其中1 156名获得认证）。

5.2.1.5 北美洲与欧洲

由于不利的立法框架，PGS计划在北美和欧洲的普及程度相对较低，多年来情况趋于稳定。在欧洲，我们看到与2017年报告的数据相比略有增长，涉及1 394名生产者，其中大部分位于法国（1 070名认证生产者）。

5.2.2 关于PGS的定义

5.2.2.1 PGS计划

是确定定义、选择、采用了一套有机农业共同标准、一套共同程序（例如描述这些程序的通用手册）和协调机构（例如秘书、协会等）的实体或组织。其中的协调机构应对来自区域或下属组织、当地团体或直接来自个体农民的数据进行概述。PGS计划通常还会使用一个通用标签将其农民的产品标识为有机产品，例如国家/地区有机标识。

解释性说明：PGS计划可以由一个单一的当地小组组成，特别是在发展的初始阶段。尽管PGS计划通常由多个当地团体组成，PGS计划中的生产者也可能基于地理的接近或技术专长而一起工作，并不形成当地团体。

5.2.2.2 PGS阶段

建立PGS是一个漫长的过程，需要两年或更长时间才能使相关生产者获得完全认证。在我们的数据收集中，区分了以下两种情况。

执行中的PGS：PGS正在实施其认证系统以对其生产者进行认证，并至少向一位农民发放了证书。

开发中的PGS：PGS正在开发认证系统以认证其生产者，并且尚未颁发任何证书。

5.2.2.3 PGS中的生产者数量

对于一个PGS计划而言，其中有以下两类生产者。

参与生产者：参与PGS的农民和加工商，无论是通过认证还是尚未获得认证，包括那些正在转换过程中并期望在不久的将来获得PGS证书的农民和加工商。

经认证的生产者：经PGS验证并已获得PGS证书或认证证明的农民和加工者，只要他们被批准为PGS计划中一个小组的一部分。

5.2.3 关于数据的一般说明

每两年IFOAM国际有机联盟进行全球PGS调查。上次调查于2017年进行，因此，大多数PGS的数据来自2017年11月。其他的数据通过与PGS计划、主管当局和PGS专家的双边沟通进行收集。如果未收到新数据，则使用上一年或更早数据的数据。当PGS根据国家有机法规得到承认时，则使用由主管当局收集和公布的数据。巴西①、智利②、

① Ministério da Agricultura，Pecuária e Abastecimento，Brasil：Cadastro Nacional de Produtores Orgânicos. http://www.agricultura.gov.br/assuntos/sustentabilidade/organicos/cadastro-nacional-produtores-organicos

② Servicio Agrícola y Ganadero，Chile：Certificación de Productos orgánicos. http://www.sag.cl/ambitos-de-accion/certificacion-de-productos-organicos/132/registros

玻利维亚①、哥斯达黎加②、墨西哥③和印度④就属于这种情况。

5.3 IFOAM国际有机联盟推广与支持PGS工作里程碑事件

IFOAM国际有机联盟推广与支持PGS工作里程碑事件见表5-5。

表5-5 IFOAM国际有机联盟推广与支持PGS工作里程碑事件

年 份	事 件
2004	第一届巴西托雷斯国际替代认证研讨会
2005	推出首个PGS案例研究，展示来自巴西，印度，新西兰和美国的PGS计划（2008年更新，包括法国的1个案例）
2006	国际PGS特别工作组的提名，后来成立为IFOAM的PGS委员会 - Organics International（2009）
2007	推出PGS概念文件《共享愿景，共享理想》，并出版PGS案例研究的第一份汇编
2008	发布PGS的定义，PGS指南和PGS自我评估表（SEF）
2009	发布第一期和全球PGS通讯，每月发布1次，直到2013年后改为双月刊
2011	启动年度PGS调查和官方IFOAM PGS认可计划，出版第一份IFOAM政策简报，介绍政府如何支持参与保证体系，批准IFOAM标准系列中的首批PGS标准
2012	发布有机农业和参与式保障体系入门手册
2015	出版政府管理工具包，并就PGS批准的要求和程序提出建议
2016	推出首个PGS教育视频《PGS：有机农业参与保障体系指南》，推出PGS计划的在线地图

① Consejo Nacional de Producción Ecológica（UC-CNAPE），email communication，data for 2016

② Servicio Fitosanitario del Estado，MAG，Costa Rica：Lista Oficial de Grupos en Certificación Participativa. https://www.sfe.go.cr/DocsARAO/Lista_inscritos_Certificacion_Participativa.pdf

③ Servicio Nacional de Sanidad，Inocuidad y Calidad Agroalimentaria，Mexico：Padrón de Organismos de Certificación Participativa de productos orgánicos a pequeños productores y producción familiar. https://www.gob.mx/senasica/documentos/padron-de-organismos-reconocidos-para-otorgar-certificacion-participativa-de-productos-organicos-a-pequenos-productores

④ Department of Agriculture & Cooperation，India：Participatory Guarantee System for India. http://pgsindia-ncof.gov.in

5.4 有机农业支持政策①

5.4.1 有机法规从民间到官方的兴起

虽然有机农业这个概念已经提出了将近100年，但从20世纪80年代中期开始，才引起了消费者、环保主义者、农民以及最终决策者的极大关注。导致这一转折的原因是第二次世界大战后人们越来越担忧农业产业化会对环境造成负面影响。

在许多国家，国家和地区法规的决策制定者都逐渐由民间转向政府。在20世纪80年代，有机标准由最初的民间制定计划（主要是有机农民的团体组织）转为立法程序的一部分，因为由国家和地区制定的有机法规具有较强的执行力，这很大地促进了国际贸易。

5.4.2 公共资金用于公益事业

与此同时，越来越多的政府部门认识到有机农业的可持续发展潜能，开始支持有机农业的政府监管。

尽管与传统农业相比，国家政府对有机农业的支持总体上仍然很低，但越来越多的政策和项目投入支持有机农业发展，其中一些已经执行，例如补贴计划、市场开发支持、能力建设和研究投资等。

5.4.3 欧 洲

在有机农业的公众支持力度方面，欧洲，更确切地说是欧盟，一直处于领先地位。许多西欧和中欧国家在1987—1993年就在国家或区域基础上，为从事有机农业的农民提供了转换援助计划和其他形式的财政支持。当有机农业有了法律定义后［关于有机生产的理事会条例（EEC）No 2092/91］，有机农业就可以作为农业环境计划［理事会条例（EEC）No 2078/92］或者农村发展计划中的一种选择。这些措施为支持有机农业提供了统一的方法，特别是对有机生产转换和维护的支持。

目前，在欧盟，共同农业政策仍然是支持有机农业发展的关键政策之一。而与此同时，有机行业的支持也已逐步扩展到其他政策领域，如科学研究、市场开发和公共采

---

① 本章节作者：Federica Varini和Joelle Katto-Andrighetto；翻译：徐颖

购等。到20世纪90年代中期，一系列多样化的支持措施开始融入更广泛的政策战略，如国家或区域有机行动计划。

现在，在欧洲以外也开始流行类似的趋势，在过去20年中，由于越来越多的政府接受有机农业提供可持续解决方案，国家或区域的有机政策已实现多样化发展。与此同时，有机部门向政府机构的推广能力也有所提高。

5.4.4 亚　洲

与欧洲相比，在亚洲，公众对有机农业的认知相对较新。尽管如此，包括菲律宾、不丹、印度的部分州（特别是锡金、喀拉拉邦和卡纳塔克邦）和中国台湾在内的一些地区已经采取了全面的有机农业发展战略。2010年，菲律宾通过了《有机农业法》（共和国法案10068）。该法案为相关有机部门的建立提供了结构框架和支持，并且还包括有机监管规定。最重要的是，它为菲律宾2012—2016年期间的有机农业战略性国家计划奠定了基础。

在印度锡金州，2003年政府开始支持有机农业，并在2010年提出“锡金有机使命”战略方案。该方案详细地说明了全面实现洲际有机目标的所有必要措施，而这一目标最终于2015年实现。

总的来说，在印度，联邦政府和各州都采取了前所未有的举措来支持有机农业。2015年，联邦政府启动了Paramparagat Krishi Vikas Yojana计划，该计划包括采用参与式保障体系（PGS）支持小规模有机农业生产者等几种措施。

5.4.5 北美洲

美国农业部门的市场干预水平较低，政府更愿意让市场力量推动农业发展，主要针对研究、保险计划和认证费用（部分）提供了支持。

2014年，美国农业法案标志着美国有机产业取得了重大成就，投入大量预算用于研究，并以报销年度认证费用的形式向农民提供支持。该法案还增加了国家有机计划（NOP）的资金，并改善了有机作物的保险计划。然而，有机生产者和传统生产者之间仍然存在显著的不平等。2016年，美国农业部（USDA）消除了大部分差异，使多样化小农场的申请过程更容易、更实惠。

在加拿大，魁北克省是第一个政府支持有机食品的省份。它始于1989年的一项计划，为研究、推广和支持组建相关部门提供资金支持。在联邦层面，自2009年以来，达尔豪斯大学的加拿大有机农业联合会（OACC）通过与加拿大有机联合会的合作，获得了史无前例的联邦政府资金，用于进行有机科学的研究。

5.4.6 拉丁美洲和加勒比海地区

在拉丁美洲，对有机农业的政策支持一般都很低。政策干预主要侧重于制定国家有机法规，支持家庭农业的政策主要是从21世纪初才开始实施的。大多数的举措仍然属于项目或国家行为，尚未形成国家政策，这意味着它们的制度化和永久性存在风险。

但也有部分国家在有机政策的发展中取得进步。比如巴西，其国家农业生态和有机生产政策（PNAPO，联邦法令第7794号），于2012年实施；有机公立学校采购计划，Programa Nacional deAlimentaçãoEscolar（PNAE）于2009年获得批准（第11.947/2009号法律）。另一个突出的例子是古巴的城市、郊区和家庭农业计划，该计划始于1997年，至今仍在运行。该计划是苏联解体后应对粮食危机的第一个也是最重要的古巴战略之一，多年来，该计划在促进整个岛实施有机农业和维持农业生态方面发挥了重要而稳定的作用。

此外，许多地区和市政府为有机的公众支持提供了一个有利的框架，涵盖了各种类型的战略和细节。例如，在墨西哥一些州（如萨卡特卡斯州、恰帕斯州、瓦哈卡州和墨西哥城联邦区）制定了地方法律，用以制定推动有机农业发展的计划。

5.4.7 非　洲

在非洲，政府没有足够的资源来支持有机农业发展，因此主要是通过外援来实现。唯有突尼斯例外，在1999年实施有机法之后，在过去10年中其有机行业的增长显著——特别是出口额的增长，因此在行业发展的初期获得了很多公共投资来支持有机的研究和推广。

5.4.8 大洋洲

澳大利亚和新西兰的政府政策一般不干预农业，因此，有机农业政策几乎不存在。

近期，太平洋的岛屿对有机农业表现出了政治兴趣，从而有一些有趣的举措。2008年之前，太平洋地区没有关于有机农业的法律框架，也没有一个支持性的政治框架或行业发展战略支持有机从业者相互合作。在国际农业发展基金（IFAD）的财政支持和IFOAM国际有机联盟的技术援助下，太平洋区域有机工作组（ROTF）制定了太平洋有机标准（POS）。ROTF作为一个技术小组，代表了太平洋上参与有机的所有岛国和地区。另一个特设小组由感兴趣的太平洋国家领导人组成，称为太平洋高级有机组织（PHLOG），提供高层政治支持和倡导。PHLOG于2008年批准了一个标准，随后该标准又由该地区的农业部长和部长批准。随后，太平洋共同体秘书处（SPC）开始支持太平洋有机和道德贸易共同体（POETCom）的发展，这是一个从ROTF发展而来的多利益相关方网络。POETCom开发了一个有机保证和标签系统，并于2013年开发了一个区域品牌“Organic Pasifika”。虽然支持性政策框架开始在太平洋共同体的若干地区和国家发展，但POS仅在法属波利尼西亚（2011年）和新喀里多尼亚（2017年）的国家立法中得到法律承认和采纳。

5.4.9 各地市政当局支持有机农业

如今，城市在支持有机行业发展方面发挥越来越大的作用，同时相关立法与城市地区的可持续增长和发展密不可分。例如，在菲律宾，有机农业城市联盟（LOAMC）成立于2012年，由120名成员组成，展示了城市综合管理的优秀范例，旨在将有机农业支持纳入市级主流。最近，LOAMC成为国家有机农业委员会的技术顾问，该委员会负责制定和监督国家一级有机农业政策的实施。在欧洲，2016年创建的“欧洲有机城市网络”为各个城市提供了一个就某些议题进行合作的平台，比如共同农业政策（CAP）的未来、区域或当地食品供应链、绿色公共采购政策（GPP）、研究和创新、食品的真实成本、提高供应链的透明度，以及为新的有机农民提供土地等。

参考文献

Codex Alimentarius. 2013. Guidelines for the Production, Processing, Labelling and Marketing of Organically Produced Foods[M/OL]. GL 32 – 1999, Rev. 1 – 2001, Rev. 2013. Rome. https://tinyurl.com/y8mpxqmw

European Commission. 2008. Commission Regulation（EC）No 1235/2008 of 8 December 2008 laying down detailed rules for implementation of Council Regulation（EC）No 834/2007 as regards the arrangements for imports of organic products from third countries; Consolidated version[EB/OL]. http://eur-lex.europa.eu/legal-content/EN/TXT/?uri=CELEX:02008R1235-20171024

European Commission. 2008. Commission Regulation（EC）No 889/2008 of 5 September 2008 laying down detailed rules for the implementation of Council Regulation（EC）No 834/2007 on organic production and labelling of organic products with regard to organic production, labelling and control; Consolidated Version[EB/OL]. http://eur-lex.europa.eu/legal-content/EN/TXT/?uri=CELEX:02008R0889-20170521

European Commission. 2007. Council Regulation（EC）No 834/2007 of 28 June 2007 on organic production and labelling of organic products and repealing Regulation（EEC）No 2092/91; Consolidated version[EB/OL]. http://eur-lex.europa.eu/legal-content/EN/TXT/?uri=CELEX:02007R0834-20130701

European Commission. 2008. Guidelines on imports of organic products into the European Union. 15.12.2008. Rev.1. European Commission, Brussels[EB/OL]. https://ec.europa.eu/agriculture/organic/sites/orgfarming/files/docs/body/guidelines_for_imports_en.pdf

European Parliament and Council. 2018. Regulation（EU）2018/848 of the European Parliament and of the Council of 30 May 2018 on organic production and labelling of organic products and repealing Council Regulation（EC）No 834/2007[EB/OL]. https://eur-lex.europa.eu/eli/reg/2018/848/oj

Huber, Beate, Otto Schmid, Verena Bartlogg. 2018. Standards and Regulations[M/OL]// Willer Helga, Julia Lernoud. The World of Organic Agriculture. Research Institute of Organic Agriculture FiBL, Frick, and IFOAM – Organics International, Bonn. https://www.organic-world.net/yearbook/yearbook-2018/pdf.html

Organic Trade Association. 2018. Global Organic Trade Guide, OTA, Washington DC[EB/OL]. www.globalorganictrade.com

Schmid, Otto. 2007. Developments of Standards for Organic Farming[M]// Lockeretz, W. Organic Farming – An International History. CABI International. Oxford. 152-174

USDA. 2018. Organic Regulations. The USDA website, USDA, Washington DC[EB/OL]. https://www.ams.usda.gov/rules-regulations/organic

6 非洲有机农业现状①

2017年有近210万公顷的农业用地，占非洲大陆农业总面积的0.2%，占全球有机农业面积的3%。与2016年相比，非洲的有机农业用地增加了14%，将近25.5万公顷，在2000年的5.2万公顷基础上增加了200多万公顷。2017年，44个国家报告了有机生产活动的数据。突尼斯是有机生产面积最大的国家，有近30.65万公顷土地，乌干达是有机生产者数量最多的国家，超过21万个。有机农业用地占比最高的国家是圣多美和普林西比，其农业土地的18%是有机农业用地，其次是突尼斯和埃及，占比分别是3%和2.8%。

6.1 土地利用

2017年，超过一半的非洲有机农业用地被用于种植多年生作物（近130万公顷）。近30%用于季节性作物（超过59.9万公顷），近2%（超过8.3万公顷）用于草地/放牧区。另有8%的有机农业用地尚无详细信息。

---

① 本章作者：Julia Lernoud、Helga Willer和Bernhard Schlatter；翻译：倪一凡；作图：赵惠娟

突尼斯（27.4万公顷，主要是橄榄）、乌干达（约17.1万公顷，主要是可可）、埃塞俄比亚（16.1万公顷，主要是咖啡）、肯尼亚（超过12.7万公顷，主要是坚果和椰子）和坦桑尼亚（近10.7万公顷，主要是咖啡）拥有最大的多年生作物有机种植区。主要的有机多年生作物是咖啡，种植面积超过37.3万公顷，占该地区咖啡总面积的12.4%。最大的有机咖啡区位于埃塞俄比亚（超过16万公顷）和坦桑尼亚（近8.2万公顷）。自2004年以来，有机咖啡种植面积增加了19倍；其中一些增长可归因于日益改善的数据可用性。可可种植面积近11.1万公顷，自2004年以来增长了63倍，占非洲大陆可可种植面积的2.3%。最大的有机可可种植区域位于刚果（金）（5.2万公顷），塞拉利昂（4.3万公顷）和乌干达（超过1.9万公顷）。

近30%的有机农田用于季节性作物，其中大部分是油料作物（约23.7万公顷，占油料作物总种植面积的0.9%，主要是芝麻）、纺织作物（11.9万公顷，占该地区总棉花种植面积的2.3%）和谷物。该地区近60%的棉花种植在坦桑尼亚（约6.9万公顷），其次是苏丹（1.5万公顷）。自2004年以来，有机棉种植面积增长了11倍。2017年谷物种植面积超过6.6万公顷；主要生产国是坦桑尼亚（近5.1万公顷）、埃及（超过8 000公顷）和塞内加尔（近3 700公顷）。

6.2 生产者

非洲有机生产者人数至少有81.5万个。拥有最多有机生产者的国家是乌干达（超过21万人），埃塞俄比亚（超过20.3万人）和坦桑尼亚（14.8万人）。由于一些国家仅报告了农场企业的数量，因此我们可以假设其有机生产者的数可能更多。

6.3 野生采集

野生采集在非洲发挥着非常重要的作用，在2017年，有超过1 430万公顷土地获得了有机野生采集区认证。赞比亚是野生采集区域面积最大的国家（超过590万公顷，主要用于养蜂业），其次是坦桑尼亚（240万公顷，主要用于养蜂业）、纳米比亚（130万公顷，主要用于采集魔鬼爪[①]）、南非（130万公顷，主要用于采集魔鬼爪）、莫桑比克（超过84.4万公顷，主要是椰子）和索马里（超过80.7万公顷，主要是天然树

① 魔鬼爪为药用植物名称

胶）。药用植物，如魔鬼爪（胡麻科爪钩草）野生采集区域面积最大（超过250万公顷）；其次是油料植物（近73.7万公顷），如摩洛哥坚果。非洲有机野生采集区域的主要活动是养蜂，该区域面积约为780万公顷。赞比亚是拥有最大野生采集区的国家，有机养蜂场的面积为590万公顷，占养蜂区域总面积的67%。

6.4 数据统计

关于非洲有机农业的更多信息，请参阅图6-1至图6-5。

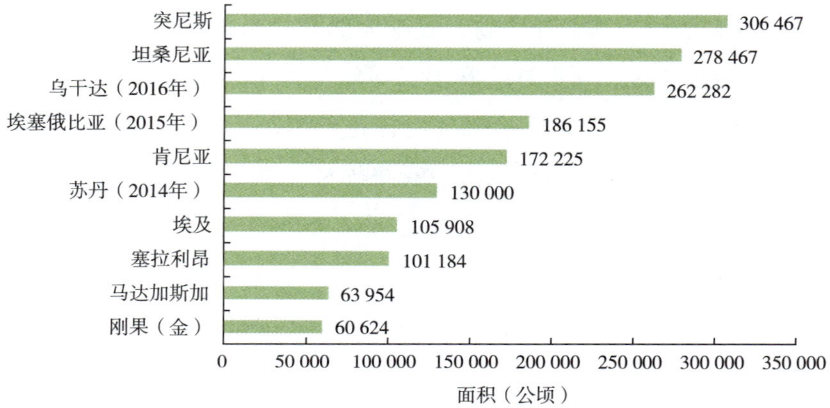

图6-1　2017年非洲有机面积位列前十位的国家/地区

数据来源：2019年FiBL调查

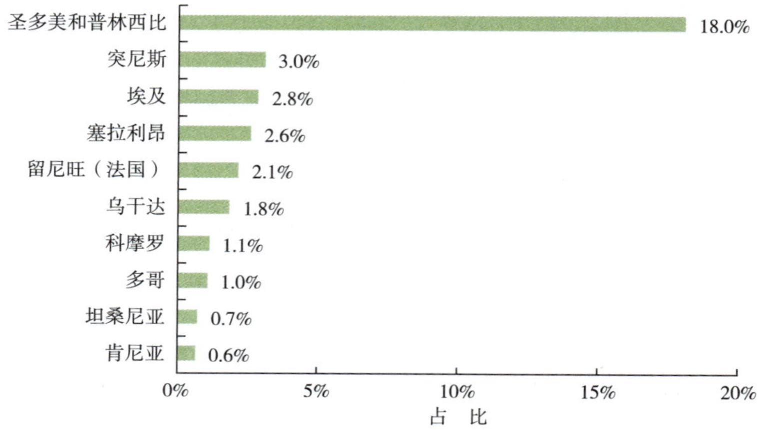

图6-2　2017年非洲有机农地面积占比最高的国家/地区

数据来源：2019年FiBL调查

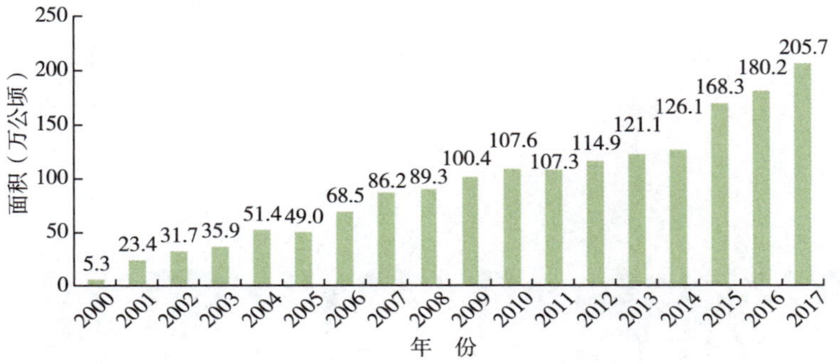

图6-3　2000—2017年非洲有机农地发展

数据来源：2019年FiBL调查

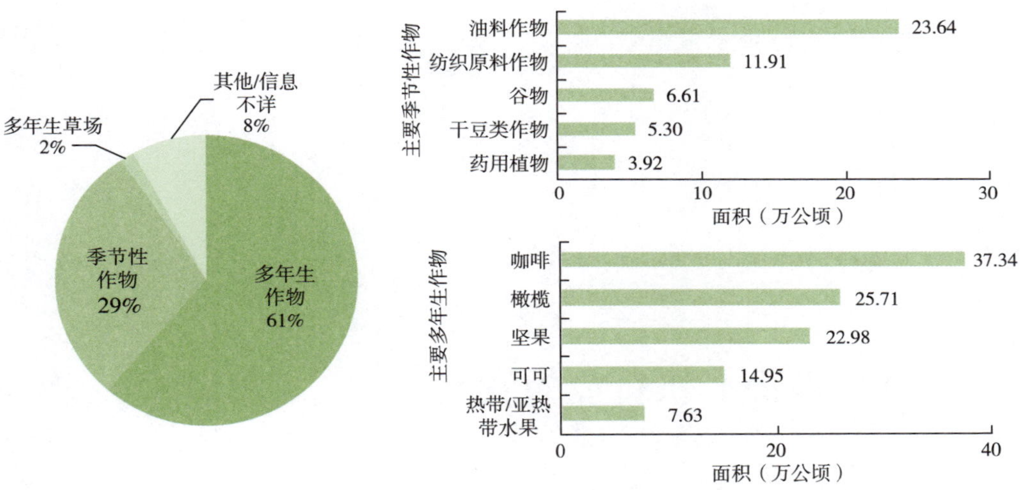

图6-4　2017年非洲有机农地使用情况

数据来源：2019年FiBL调查

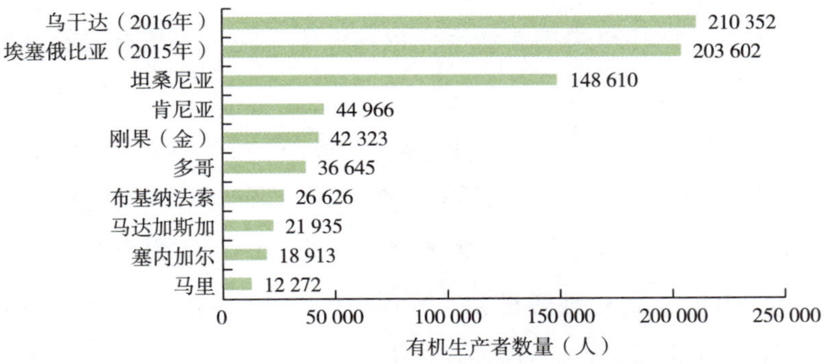

图6-5　2017年非洲有机生产者数量位列前十位的国家/地区

数据来源：2019年FiBL调查

7 亚洲有机农业现状

7.1 2018年亚洲有机行业的发展①

7.1.1 概 述

2018年，孟加拉国和越南等国家批准了国家有机标准，而柬埔寨则发布了促进有机农业的路线图。中国、菲律宾和韩国修订了国家有机标准。在中国，有机标准发生了结构性改革；在菲律宾，参与式担保体系（PGS）优先纳入有机标准；在韩国，有机农民直接支付计划被永久性的解决。

印度尼西亚的参与式保障体系（PGS）依然势头不减，中央政府积极支持其“1 000个有机村”项目。在泰国，虽然有一些来自民间机构的舆论压力，政府仍启动了一个大型项目，该项目计划在3年内将16万公顷的土地转换为有机稻米生产。由泰国商务部赞助的第一届东南亚有机博览会（Biofach Southeast Asia）与全国贸易博览会“有机与自然博览会和研讨会”一起成功举办。

① 本章节由IFOAM-亚洲统一整理编写。翻译：杭雪冰、张耀匀、阴雪彤、王金、冯婧和牛雨曦

亚洲最大的有机活动，第三届IFOAM–亚洲有机亚洲大会（OAC），在菲律宾比斯利格市举行。它汇集了亚洲和菲律宾的主要有机产业相关者。朝鲜与韩国之间政治关系的改善表明，朝鲜半岛在有机方面的发展可能有合作机会。

7.1.2 孟加拉国①

孟加拉国政府于2016年批准了“国家有机农业政策（NOAP）”，且农业部于2018年7月成立了3个小组委员会以制定有机农业标准和认证体系。其中两个小组委员会被委派了相应任务：一个小组委员会负责制定孟加拉国内有机标准，并确定认证的主管当局；另一个小组委员则会负责制定认证程序。孟加拉国政府希望通过在明年采纳各小组委员会的调查结果来改善国内有机市场情况。孟加拉国的有机面积和产量逐渐增加。民间社会组织、参与有机行动的企业家以及其他相关部门积极参与了有机行业的发展。与前几年相比，消费者对食品安全和有机食品的关注度也越来越高，这是孟加拉国整体有机产业的一个非常积极的信号。

此外，孟加拉国政府也致力于以不同方式促进和鼓励有机产业。因前一年对有机产业的杰出贡献，Tarango和Partex Group两个组织被授予了2017年Bangabandhu国家农业奖（Bangabandhu Jatiya Krishi Puroshkar-1422），这也是孟加拉国农业领域中国家认可的最高奖项。

7.1.3 柬埔寨②

经过30年的内战后，自20世纪90年代初以来，柬埔寨一直是国际发展行动者干预的焦点。到目前为止，该国一半以上的国家预算仍需依靠发展援助资金。因此，政策发展主要是协同援助项目，而不是满足国民社会需求。不幸的是，这种现象也发生在有机农业领域。

直至近年来，柬埔寨的农业都以自给自足农业为基础。由于超过一半的家庭从事农业，他们大多数种植水稻满足自家需求。直到最近，化学品仍旧因为稀缺和昂贵，没有被农民所使用。

许多援助计划为了促进农业产品创收和商业化，鼓励农民使用农用化学品。2010

① 本部分作者：Shaikh Tanveer Hossain和Khurshid Alam

② 本部分作者：Ayumi Matsuura，柬埔寨有机农业协会（COrAA）董事会成员，山形县国际志愿者（IVY）柬埔寨国家主任

年以来，随着价值链发展的推动，这一趋势转向有机生产。然而，当地语言中没有“有机”这个词，许多柬埔寨人并不理解“有机”的概念。因此，许多发展工作者在使用英语“有机”一词或将其翻译为“自然”。在大多数情况下，它被理解为没有化学品投入的农业。由传统农业转变为有机农业的尝试许多都失败了，因为在转换期间，农民已经严重依赖化学品投入，并且他们的有机产品不能以更高的价格出售。

柬埔寨有机农业协会（COrAA）于2006年通过一个国际发展倡议而成立，它是柬埔寨国内的有机认证机构。目前它仍在努力实现“本地化”和“自我可持续发展”。

尽管如此，人们对于全球有机产品需求的认识还是有所提高，出口商找到实行农林间作的农场后发现，农民之所以实行农林间作是因为他们无法负担农业化学品的投入。

2018年，通过合同农业出口的有机产品有所增加，例如农业合作社生产的有机大米。此外，还启动了通过合同农业出口已生产的有机木薯的计划。2019年，将启动有机腰果的合同种植。

在政策层面，柬埔寨政府面临着与其他东盟国家协调有机标准的压力。在欧洲捐助者的支持下，柬埔寨农林渔业部发布了“2018—2022年柬埔寨有机农业国家发展蓝图（CAM.ORGANIC）”，其中包括建立国家有机标准和认证体系的计划。

7.1.4 中　国[①]

2018年，随着国家政府的重组，中国国家认证认可监督管理委员会（CNCA）被并入新成立的中华人民共和国国家市场监督管理局，有机产品正在这个新机构的监督下。

2005年，中国国家有机标准（GB/T 19630）首次颁布实施，于2011年进行修订，发布了第二个版本。该标准的第三版将于2019年生效。

2018年，在政府实行“入境更容易，但监管更严格”的新政策之后，有机认证机构的数量明显增加。中央和地方政府采取的监管措施日益加强。

国家主管部门（CNCA）于2011年启动了“建立国家有机产品认证示范区”计划，到2017年年底，129个县被列为该计划的试点。26个县被选为国家有机产品认证示范区。2018年，又有51个县被列入试点县名单。

由中国有机食品发展与认证中心（OFDC）开发的“互联网+有机产品检测远程控制系统”于2018年在国家权威机构的支持下进行了测试和评估。该系统是实现有效的后续检查和认证监督的有力工具，同时可以降低申请人和认证机构的成本，提高有机生

① 本部分作者：周泽江，有机农业发展中心（OFDC）和环境保护部高级顾问

产和认证的完整性。

2018年，中国认证机构派出检查员到国外依照中国有机标准进行有机检查，发放了多达418份中国有机产品证书，从而促进了外国有机产品向中国的出口，这表明外国贸易商对探索中国有机市场有浓厚的兴趣。

第十届全国社区支持农业（CSA）会议吸引了来自全国各地1 000多个CSA团体的400多名代表。自2009年以来，一年一度的CSA会议在中国各地举行。随着石嫣博士当选国际社区支持农业联盟的联合主席，中国的CSA运动在全球获得了瞩目。

7.1.5 印　度①

对于印度广泛依赖雨水灌溉的小农和边缘农民来说，2018年并不是非常有利。根据印度气象局（IMD）的数据，2018年的降水量远低于平均水平，这同时也是连续第五年的降水量减少。更糟糕的是，在过去的18年里，印度经历了13年的低降水量。地下水开采是唯一弥补低降水量的方法，即使它是不可持续的。气候变化的影响正在以许多不利的方式影响着农民。现在，印度是时候明白有机农业才是规避近在眼前的气候灾害的唯一途径。

在气候变化方面，全国许多案例表明，从事有机种植的农民比传统农民可以更好地应对干旱。在过去20年中，有30万农民因生活窘迫而自杀，其中几乎没有从事有机种植的农民。有机农民受益于更好的土壤结构，这有助于保持水分，同时农场的多样性有助于通过其他作物的收益来补偿另一种作物的损失。一些农民也能够将他们的产品作为有机认证产品出售。

第三方认证的有机耕种农场面积从2017年的150万公顷增加到2018年的178万公顷。这不包括PGS-印度系统认证的26万公顷，这一系统由国家有机农业中心推动。国家有机农业中心是一个旨在促进该国有机农业的政府部门。总体而言，该国认证的有机耕地面积约为200万公顷，其中不包括经其他PGS系统认证的至少1万公顷的土地，以及在印度东北部、部落地区、丘陵和偏远干旱地区实行传统农业的约1 000万公顷土地，这些区域是有机管理但未经有机认证的。

① 本部分作者：Joy Daniel，印度农村综合发展研究所所长

7.1.6 印度尼西亚[①]

2018年，印度尼西亚国内市场对有机食品的需求呈现增长态势，特别是部分经销商选择进行网上交易之后。市场上的有机产品从新鲜产品到加工产品，种类繁多。然而，这仅限于大雅加达地区等大城市。在生产层面，有机农业也呈现增长趋势，特别是针对国际市场的贸易。为了当地市场的发展，印度尼西亚有机联盟（IOA）支持苏门答腊省和爪哇省的PAMOR（印度尼西亚PGS系统）下属的许多PGS计划。IOA还发起了一个有机贸易论坛，以协助市场准入。中央政府的“1 000有机村”计划正在稳步发展，其产品已通过国内和国际市场认证。2017年有机产品进口法规的实施使得更多进口有机产品可以在印度尼西亚大城市的超市销售。

7.1.7 日　本[②]

根据农林渔业省（MAFF）2017年公布的数据，日本有机市场在2017年有着显著增长，估计价值为1 785亿日元[③]。根据矢野经济研究所的调查，55%的零售商在他们的商店销售有机产品。2018年8月，在横滨市举办的国际有机博览会吸引了约13 600名参观者，超过24 000名参观者参加了9月在东京举行的有机生活博览会。这些事件表明零售商和消费者对有机产品的高度关注；不仅针对食品和饮料，还针对非食品产品，如时装和家居用品。

为了促进有机农业，农林渔业省（MAFF）组织地方政府进行了一次会议，旨在为地方政府建立一个促进和支持有机农业的平台。MAFF还组织了一个国家有机日（12月8日），以促进日本的有机农业。千叶县伊豆市现在的学校用餐中100%使用当地有机大米。该市还建立并管理了一个堆肥设施。

许多新农民对开始有机农业越来越感兴趣。鉴于日本农民总数量的减少，这些新农民将成为社会的可持续未来和该部门进一步发展的关键。

---

① 本部分作者：Indro Surono，印度尼西亚茂物印度尼西亚有机联盟董事会成员，邮箱为i.surono@gmail.com

② 本部分作者：Satoko Miyoshi，全球有机纺织标准日本代表，电子邮箱为miyoshi@global-standard.org

③ 大约15.8亿美元

7.1.8 韩　国[①]

2018年是韩国《可持续农业促进法》（后来改名为《环境友好型农业促进法》）实施的第二十年。该法案的颁布有利于建立一个框架，这一框架能够实施各种政策（比如直接支付计划）以促进韩国环境友好型农业的稳步增长。2018年，为扩大环境友好型农业（包括有机农业）的定义，以将环境因素（如生态服务）纳入其中，重新修订了这一法案。这显示了政策范式的变化，因为它将重点从安全和健康转移到环境和生态。

有机农民所享有的短期直接支付计划现已转为永久性支付。在机构层面，成立了由生产者、消费者和专家等组成的环境友好型农业政策委员会，以促进公私结合治理，并讨论促进环境友好型农产品生产、分配和消费的政策措施。

2018年，韩国举行了地方政府选举。中央和地方政府非常重视公共部门在增加环境友好型农产品消费方面的作用。政府部门已经努力将学校用餐计划扩展到其他公共采购的方面。作为一项试行措施，中央政府购买了5 000吨经认证的环保大米，用于供应军队和其他公共食堂。

2018年是朝鲜和韩国之间关系缓和的历史性年份。韩国有机运动呼吁国际组织，例如IFOAM国际有机联盟组织和人道主义团体，来协助建立朝鲜与韩国之间的桥梁，特别是在朝鲜半岛的有机农业合作和发展领域。

7.1.9 缅　甸[②]

在过去的20年里，缅甸的有机农业发展很少。在20世纪90年代，80%的农业用地依靠自然管理，投入比现在少。在1988年的政治革命之前，社会主义政府提供了补贴肥料，但后来政府扶持被削减后不再批准针对农民的肥料推广服务。但是，由于农药化肥公司缩小了这一差距，所以今天的缅甸的农业生态系统正在遭受农业化学品的污染。出于对粮食安全的考虑，缅甸农业部优先考虑良好农业规范（GAP）的认证系统。

2013年11月，缅甸有机种植者和生产者协会（MOGPA）成立，并与有机种植农民合作。2016年，MOGPA获得了FAO地区办事处的技术支持，以在缅甸建立一个参与式保障体系（PGS）。

最初建立时，MOGPA就一直致力于与有机农业的小农合作，并协助他们生产最佳

① 本部分作者：Manchul Jung（韩国农村社会事务研究所副所长）和 Dong-geun Choi（韩国有机食品检验局执行董事）

② 本部分作者：Than Sein、Hla Myint Kyaw和Oliver Gardiner

的、品质有保障的产品。它目前有15 000名成员已完成有机教育和培训计划，他们该计划于2010年8月启动该体系。大约有500名成员积极参与PGS小组的组建。

MOGPA目前正在缅甸各邦建立有机培训学校和有机农场模型。在掸邦开设了金色大地有机农业培训中心，这所学校培训了560多名农民，并出版了一本《有机农民手册》。

在仰光地区，2018年建立了两个有机农贸市场，主要的超市“城市超市”正在寻求有机农业的投资。酒店业对有机产品的需求很高，有机产品供不应求。

2019年，MOGPA将与再生国际（Regeneration International）合作，组织一系列有关再生有机农业的研讨会。

7.1.10　菲律宾①

2018年菲律宾讨论最多的问题之一是对RA10068《2010有机农业法案》的修订，特别是其中对参与性保障体系（PGS）的纳入和实施。该法案公布了一项促进、宣传和发展该国有机农业的国家政策。

《有机农业法案》的颁布促进了该产业的增长，同时政府也支持建立“国家有机农业计划”，全国年度有机农业庆典和其他措施。参议院农业和食品委员会主席参议员辛西娅·比利亚（Cynthia Villar）办公室在一整年内支持开展了一系列对话与讨论。到2019年，菲律宾国家政府已将PGS纳入RA10068修正案列为首要任务。

2018年，位于Surigao del Sur省（棉兰老岛）的比斯利格市举办了第三届IFOAM-亚洲有机大会，共有来自菲律宾和其他亚洲国家的1 300多名与会者参加。

菲律宾有机市政和城市联盟（LOAMC-Ph）已成为该国最大的有机农业组织之一。2018年，LOAMC拥有成员超过120个，代表着从事有机农业计划的城市和市政。亚洲有机农业地方政府（ALGOA）与槐山县（韩国）正式建立战略联盟，扩大其发展网络的同时率先在市政和城市一级发展有机农业。

7.1.11　泰　国②

2017年，泰国有机农业发展迎来新的转折点：政府启动了一项通过直接补贴扩大有机稻米种植的大规模项目。该项目由农业和合作社部下属的水稻部发起并实施，计划

① 本部分作者：Vic Tagupa，有机农业市政和城市联盟（LOAMC）技术官员

② 本部分作者：Vitoon Panyakul

在3年内将16万公顷转化为有机稻米生产。他们将基于有机土地面积进行直接补贴（包括投入补贴和免费政府认证）来实现这一目标。

然而，私营部门对此计划提出了批评，例如完全没有与他们协商。他们还批评该计划太过雄心勃勃，因为它几乎使该国的有机种植面积增加了4倍，并且5年内需要超过4.1亿美元的预算（这大于为所有政府部门分配的年度预算总和）。

而且，这个项目要求农民只能向水稻部（DoR）申请有机认证，意味着农民无法申请私人认证。这种缺乏支持机制的规划（例如培训检查员或开发有机大米市场）也受到严厉的批评。

目前还没有评估该项目的影响，特别是现有农民种植有机大米的收入。且没有考虑到有机大米增加后需要对更多的认证检察员进行培训。到2017年年底，该项目成功达到3.2万公顷，有机大米产量增加1倍，但未达到4.8万公顷的目标。

另一个重要的发展是泰国商务部参与“国际有机贸易博览会—东南亚”。该部门赞助了这个由德国纽伦堡组织并与全国贸易博览会“有机和自然博览会和研讨会”相结合的私人贸易展览会。不仅对于泰国，对于东南亚地区Biofach Southeast Asia都是一次有机贸易活动的亮点。在此次活动中，亚洲有机贸易和生产者协会的成员会晤并联合组织了“东盟有机联合会”，以促进他们在该地区对有机农业和贸易的推动与合作。

在政府推出第二个为期5年的“国家有机发展战略”（其中包括对PGS的支持）之后，参与式保障体系（PGS）成为泰国政府机构中的热门话题。许多生产者组织以及支持组织都希望为新转换的农民建立PGS，促成了该国有机PGS的扩散。然而，由于缺乏称职的顾问，真正的PGS团队扩张缓慢。接近2017年年底，PGS团体和支持组织聚集在一起组建“泰国有机PGS联盟”，以分享资源和经验。这可能有助于巩固泰国PGS运动并加强其影响力。

7.1.12 越　南①

2018年是越南有机市场和政策发展取得丰硕成果的一年。

2018年，行业内报告了许多食品生产和加工违规行为，食物中毒案件也导致国内消费者对传统商品的不信任。消费者越来越多地使用进口有机产品，特别是PGS有机产品。在政策层面，越南科技部（MOST）于2017年12月颁布了有机农业国家标准（No TCVN 11041：2017）。它由3部分组成：①关于有机产品生产、加工和标签的基本

① 本部分作者：Dang Thi Bich Huang

要求；②有机作物生产的基本要求；③有机牲畜养殖的基本要求。发布的另一个标准（No.TCVN 12134：2017）则是关于认证机构的基本要求。

预计2019年越南有机市场将会继续增长。由于消费者对安全食品的需求和日益提高的人均收入，有机生产和有机市场将增加。有机产品的分销系统越来越多样化，PGS现已在越南7个省（河内、河南、和平、宣光、高平、槟知和会安）建立。通过越南有机农业协会（VOAA）提供的培训，有另外5个以上的地方政府表示有意在各自省份建立有机PGS小组。

7.1.13　IFOAM-亚洲①

2018年，IFOAM在亚洲最大的两个项目是亚洲有机农业地方政府（ALGOA）项目和有机青年论坛，取得了重大进展。亚洲有机农业地方政府（ALGOA）的成员数量增加了两倍，增长到204个。ALGOA菲律宾成员论坛与其他地方政府进行了接触，并使地方政府对合作促进有机项目产生了浓厚的兴趣。

在韩国槐山县的全力赞助下，ALGOA一年一度的有机领袖培训为来自16个国家的26位当地政府官员提供了了解有机农业基本情况的机会。为期10天的住宿培训，成功建立了宝贵的合作网络，并增进了参与者之间的交流。随着有机青年论坛及其成员数量的不断增加，有机青年论坛对菲律宾棉兰老岛进行了为期1周的考察，以便亲自了解菲律宾当地有机农业的发展情况，并积极寻找方法，在私营和公营角度努力为未来与当地青年领袖的合作创造协同效应。棉兰老岛的ALGOA成员为来自亚洲（包括吉尔吉斯斯坦）、德国和瑞士等14个国家的22名年轻人提供当地后勤保障和计划上的支持。

有越来越多的地方对有机青年论坛产生兴趣，在2019年3月26—31日举行的下一届论坛上，新北市将与有机青年论坛签订合同。将有22名外国青年代表和50名当地青年代表被选出，来参加该次论坛。于2019年12月初在印度那加兰邦举行的另一场论坛，目前正在商谈中。

2018年9月，第三届亚洲有机大会（OAC）在比斯利格市政府和菲律宾中央政府的全力支持下，在菲律宾比斯利格市召开。有超过1 300名来自亚洲和世界其他24个国家的参与者参与会议。这是亚洲该年度最大的有机活动，与会者参加了为期1周的活动，其中包括大会主要全体会议、第六届有机大米会议、IFOAM有机农业创新奖（OFIA）峰会、IFOAM亚洲有机青年论坛（以及论坛前的学习之旅）、ALGOA菲律宾会员论坛

① 本部分作者：Jennifer Chang

和有机贸易展览会。

2019年将是又一个里程碑式的时间点，因为在9月举行的ALGOA+4峰会将汇集来自世界各地各个国际组织与地方政府的200多名代表和IFOAM成员。2019年，ALGOA将从一个区域性组织向具有全球意识的国际组织迈进。

7.1.14 亚洲有机农业发展的里程碑事件

亚洲有机农业发展的里程碑事件见表7-1。

表7-1 亚洲有机农业发展的里程碑事件

年 份	事 件
1973	日本Teikei运动由三义有机农民组织与Motomeru Kai消费者组织发起
1976	韩国成立了韩国农业协会标志韩国有机农业运动的开始
1988	中华人民共和国环境保护部（NIES-MEP）下属的南京环境科学研究所加入IFOAM有机国际联盟，这是中国有机运动的起点
1994	南京国环有机食品认证中心（OFDC）成立，这是中国第一家有机组织和第一家有机认证机构
1994	中国引入了第一个有机标准（OFDC标准）
1995	泰国有机农业认证（ACT）成立，并起草了泰国第一个有机农作物标准
1998	韩国执行环境友好型农业（EFA）促进法案
2000	日本根据日本农业标准（JAS）建立有机标准
2001	菲律宾有机认证中心（OCCP）成立
2002	印度尼西亚公布有机食品生产国家标准（SNI 01-6729-2002）
2002	泰国国家农业和食品商品标准办公室（ACFS）完成了《有机农业：有机农业的生产、加工、标签和营销》标准，涵盖作物、牲畜和水产养殖
2004	印度建立国家有机农业中心（NCOF）
2004	印度卡纳塔克邦政府制定了有机农业政策
2004	印度第一次关于替代认证的国际会议举行，印度的案例研究也在这里进行讨论
2005	中国国家有机标准GB/T 10630《有机产品》由中国标准化管理委员会颁发
2005	中国有机认证管理规定由中华人民共和国认证认可监督管理委员会（CNCA）颁发
2005	菲律宾总统格洛丽亚·马卡帕加尔·阿罗约发布第481号行政命令，以促进、发展和维持有机农业作为农业技术，并发展有机农业产业

（续表）

年 份	事 件
2006	日本实施有机农业促进法
2007	泰国国家有机发展委员会成立，第一个国家有机农业发展战略计划（2008—2011年）获得批准
2011	第十七届IFOAM有机世界大会（OWC）在韩国京畿道南杨州市举办
2012	在韩国成立IFOAM–亚洲
2015	在韩国建立亚洲有机农业地方政府（ALGOA）；通过《有机3.0槐山宣言》
2017	越南有机农业协会于9月19日举办了“第一届亚洲有机日”活动
2017	第十九届IFOAM有机世界大会在印度举办

注：本表由IFOAM–亚洲的Jennifer Chang编辑

7.2 亚洲有机农业数据①

7.2.1 概 述

亚洲有机农业用地面积近610万公顷，占该地区农业总面积的0.4%。从全球层面来看，亚洲有机农地的面积占全球有机农地总面积9%。与2001年（42万公顷）相比，有机土地的数量已经实现了超过13倍的增长。2016—2017年，亚洲有机土地的面积增加了120万公顷，涨幅达25%。其中，有机农地面积最大的国家是中国（300万公顷），生产者数量最多的国家是印度（83.5万人）。有机农地在农地总面积中占比最高的国家是东帝汶（8.2%）和斯里兰卡（6%）。

7.2.2 土地利用

2017年，亚洲45%的有机农田都用于种植季节性作物（270万公顷），13%（约80.9万公顷）用于种植多年生作物，还有18%为草地/牧区（约100万公顷）。除此之外，未得到关于其他24%土地利用类型的信息，所以我们可以假设，每种土地利用类型在有机农地总面积中的所占比例应该会更大。

谷物是主要的有机季节性作物（主要为小麦和水稻），占地面积超过110万公顷，

① 本章节作者：Julia Lernoud、Helga Willer和Bernhard Schlatter；翻译：杭雪冰；作图：赵惠娟

占据亚洲谷物种植总面积的0.3%。其中，大部分的谷物都分布在中国（超过90万公顷）和哈萨克斯坦（6.5万公顷）。另外，油料作物（主要是大豆）也是非常重要的谷物，其种植面积至少为34.1万公顷（主要在中国和印度），占亚洲油料作物种植总面积的0.6%。主要的有机谷物是水稻、玉米和小麦。有机大米占有机谷物区域中的种植面积的42%，小麦占27%，玉米占14.5%，这3种谷物共占亚洲有机谷物总面积的近84%。有机水稻主要种植在中国（33.2万公顷），占该地区有机大米总量的68%。最大的有机小麦区域也在中国（14.3万公顷），其次是哈萨克斯坦（超过1.9公顷），亚洲有机小麦种植几乎全部分布于这两国。

大多数的有机多年生作物用地都用于种植椰子（超过21.3万公顷）、茶叶（10.95万公顷）、咖啡（约8.2万公顷）以及热带和亚热带水果（近7.1万公顷）。菲律宾的有机椰子种植区域面积最大，约15万公顷，占据该区域有机椰子种植总面积的70%。亚洲有机咖啡种植面积最大的国家是印度尼西亚，据报告其面积超过4.6万公顷，然后是东帝汶（超过3.1万公顷）；这两个国家有机咖啡的种植面积占据亚洲此类农地面积的95%。就亚洲咖啡种植的总面积而言，有机咖啡的种植面积占3.1%。此外，亚洲几乎有3.1%的茶叶种植区域都是有机茶叶；而且其中大部分都分布于中国（9万公顷），紧随其后的是缅甸（约8 000公顷）。

7.2.3 生产者

2017年，亚种区域报告显示该地区的有机生产者数量为110万人。其中，印度有机生产者的数量最多（83.5万人），其次是菲律宾（16.6万人）。遗憾的是，许多国家没有上报他们的生产者数量，或者仅上报了公司的数量；因此，据推测，该区域生产者的实际数量应该更多。2004年，亚洲地区的生产者总量为10万人，自那以后，如今有机生产者的数量已经实现了10倍多的增长。

7.2.4 野生采集

2017年，亚种区域报告显示该地区有机野生采集区域的面积为440万公顷。遗憾的是，我们仅掌握了该地区3%土地的相关信息。从已知信息来看，野生坚果（约4.5万公顷）和野生药用植物（约1.8万公顷）是该地区的主要商品。而且，养蜂场（超过5.6万公顷）也扮演着非常重要的角色。其中，印度是该地区有机野生采集区域面积最大的国家，面积达180万公顷，紧随其后的是中国（130万公顷），然后是塔吉克斯坦（100万公顷）。

7.2.5 市　场

我们并未掌握亚洲大多数国家的有机市场数据，但是我们可以假设，有机市场是不断增长的。共有7个国家提供了有机产品零售额的数据，少于亚洲提供有机数据国家总数的20%。从已知数据来看，我们可以假设亚洲有机产品的销售额至少为108.5亿美元。就中国而言，其2017年上报的数据显示有机市场销售额为85.9亿美元，成为世界第四大有机产品市场。此外，日本国内的有机市场销售额也很高，为15.8亿美元，韩国上报的有机市场销售额为3.7亿美元。

7.2.6 数据统计

关于亚洲的更多信息，请参阅图7-1至图7-4。

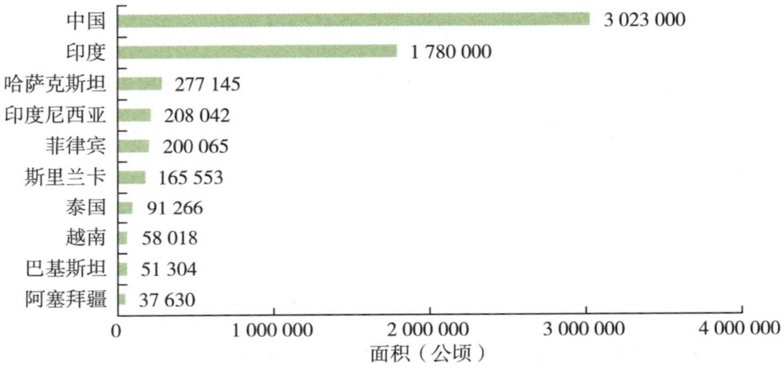

图7-1　2017年亚洲有机面积位列前十位的国家/地区

数据来源：2019年FiBL调查

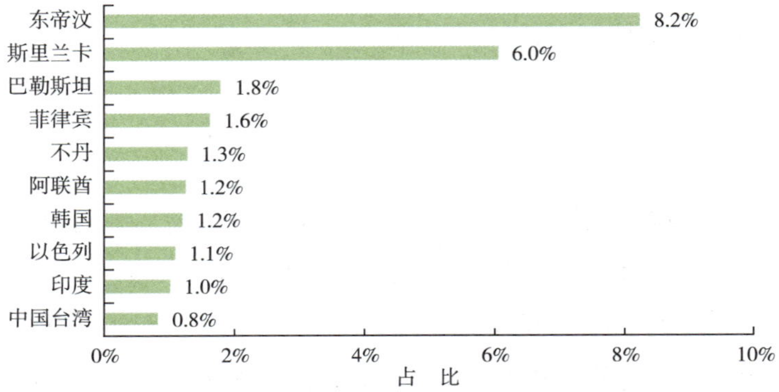

图7-2　2017年亚洲有机农地占比前十位的国家/地区

数据来源：2019年FiBL调查

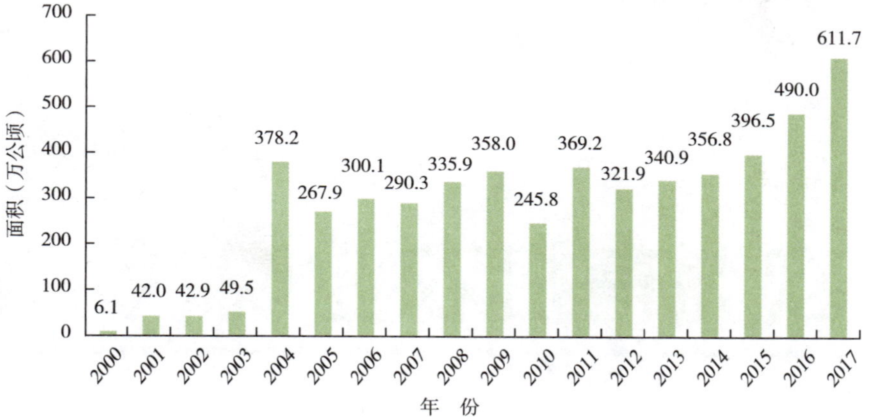

图7-3 2000—2017年亚洲有机农地发展

数据来源：2019年FiBL调查

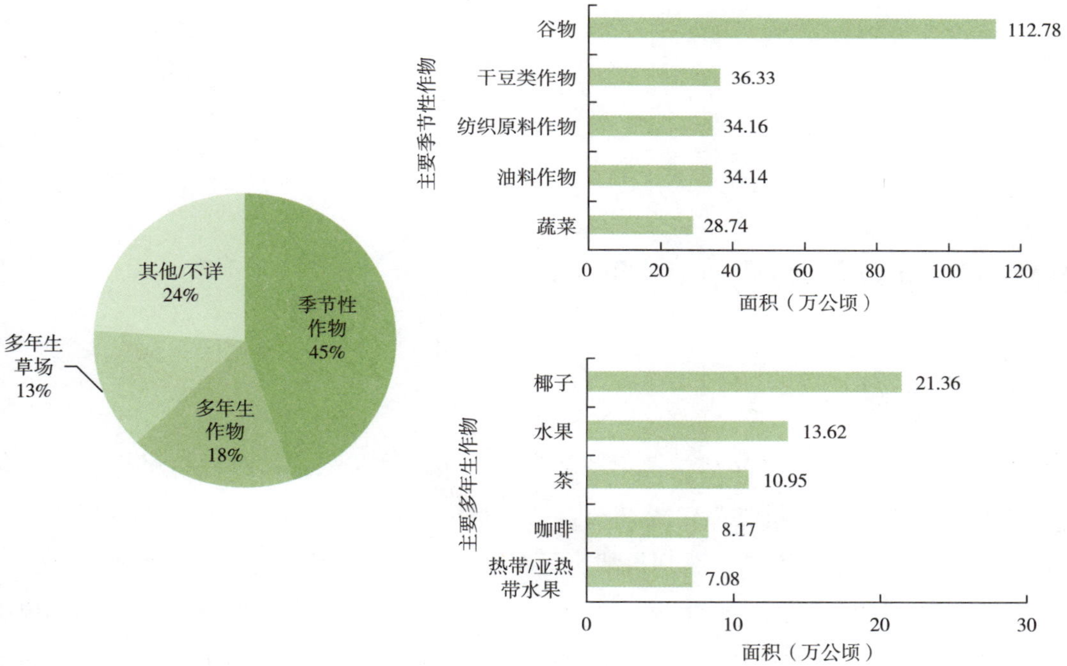

图7-4 2017年亚洲有机农地使用情况

数据来源：2019年FiBL调查

8 欧洲有机农业现状

8.1 欧洲有机农业的发展情况①

8.1.1 概　述

2017年欧洲的有机食品和种植部门在生产和市场增长上都持续保持坚挺。2017年的数据显示，欧洲的有机食品市场增长强劲，增幅超过10%，增量高达421.4亿美元。与此同时，有机农业也面临一系列挑战，最明显的是，尽管近来种植面积增长迅速，但仍远远落后于急剧扩大的消费需求（图8-1）。对有机农业而言，2018年主要的里程碑事件是欧盟5月针对有机生产和有机产品商标公布的新规定，以及欧盟委员会6月发布的公共农业政策方案（2021—2027年）。

① 本章节作者：Helga Willer、Bram Moeskops、Emanuele Busacca和Nicolas de la Vega；翻译：卿熙雯、赖凌航、李怡然、赵春扉和李墨瀚；作图：赵惠娟

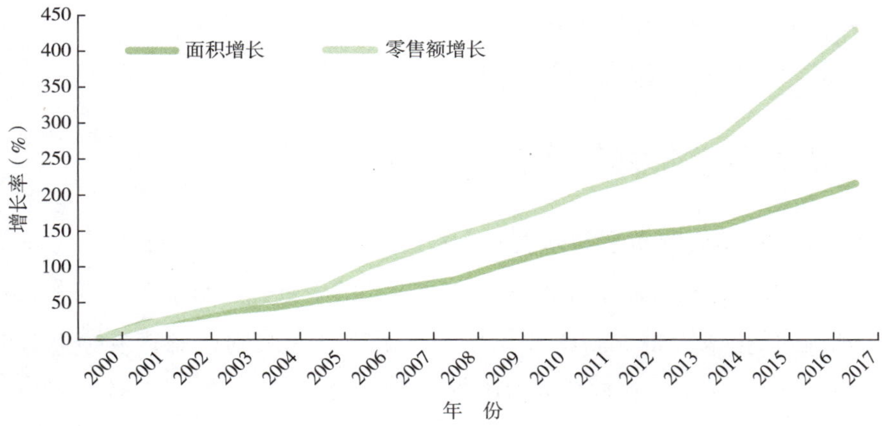

图8-1　2000—2017年欧洲有机面积和零售额的累积增长率情况

数据来源：2006—2018年FiBL-AMI调查

8.1.2　欧盟最新有机法规的通过

2018年5月30日，欧洲议会和理事会（2018年）通过了欧盟关于有机生产和有机产品标签的新政策。新的欧盟有机法规将于2021年1月1日起实施。国际有机联盟欧盟分会代表欧洲有机食品与农业运动，呼吁欧盟机构和所有利益相关方在未来两年内共同发展相关的二级立法（实施和授权）。立法应当涵盖有机生产链的各个环节，包括农民、加工生产者、贸易商以及监管系统。

新法规定，可以申请有机认证的产品包括：①活的及未加工农产品，例如动物（包括水产养殖产品）、植物、海草和藻类、种子和植物繁殖材料、蘑菇等；②加工食物和饲料。新法规还列出了上述类别未明确涵盖但仍可通过认证的其他产品，包括：①生物制品，例如特定的酵母、马铃薯、藤叶、棕榈芯、酒花梢、蚕茧、天然树胶树脂、精油、软木塞、原棉、原毛、生皮和以植物为基础的传统草药制剂等；②一些非生物制品，例如用于食物和饲料的海盐或其他种类的盐。餐饮业，即餐馆和食堂，不属于该法的监管范围，但依国家或私人标准运营。关于主要变动的更多信息，参阅IFOAM EU（2018）。

8.1.3　俄罗斯和乌克兰的有机法规

不仅欧盟在2018年颁布了新的有机法规，2018年6月，俄罗斯也颁布了管理有机农产品生产、储存和运输的新法律。新法之前已由俄罗斯议会两院批准，将于2020年1月1日生效。

同年7月30日，乌克兰总统也在乌克兰法律中签署生效了关于有机生产、贸易和商标的基本条例，其内容与欧盟的有机法规条款基本一致。

8.1.4 共同农业政策提案（2021—2027年）

2018年6月，欧委会颁布了共同农业政策（CAP）（2021—2027年）提案。国际有机联盟欧盟分会称，有机农业是促进欧洲农业可持续发展的主导力量，新的CAP应该通过农民奖励机制强化该力量。新CAP规划的充足预算和奖励机制将鼓励更多的农民在2020年之后为环境、气候和农村社区做出更大的贡献。

可以预见的是，农村发展部分的第二支柱将会被削减。到目前为止，第二支柱已经为农民向有机农业转变提供了大量技术帮助和财务支持。因此，它应该得到强化，且预算的30%以上都应该用于实现CAP的环境和气候目标。对于这一点，有机运动组织非常关注（IFOAM国际有机联盟）。

新提议的生态计划提供了另一种机会补偿那些想为气候和环境做出努力的农民——从占CAP预算总额3/4以上的第一支柱中获得资金。但是该方案的实现仍旧缺少一些基本条件，例如最低预算的生态计划、受资助的农业生产和农业系统类型的界定方法。而这也将是理事会与议会之间讨论的重点。

8.1.5 研究项目

有机农业研究受到国家研究计划（或国家有机行动计划）以及欧洲计划的共同资助。自20世纪90年代中期以来，欧盟框架计划已资助了数个有机农业研究项目。到目前为止，以下针对有机农业的项目得到了当前框架计划（地平线2020）的资助：OK-Net Arable、OK-Net EcoFeed①、LIVESEED②、ECOBREED③和BRESOV④（有机种子和植物栽培项目）。RELACSV⑤和Organic-PLUS⑥已在2018年春季开始了关于寻找一些有机农业中有争议投入的替代品的研究项目。关于有机农业动物福利的新项目PPilow预计将于2019年开始实施。

---

① 获取更多信息请登录https://ok-net-ecofeed.eu/

② 获取更多信息请登录https://www.liveseed.eu/

③ 获取更多信息请登录http://ecobreed.eu/

④ 获取更多信息请登录https://bresov.eu/

⑤ 获取更多信息请登录https://relacs-project.eu/

⑥ 获取更多信息请登录https://organic-plus.net/

在CORE Organic[①]2016年启动的项目征集中，有12个欧洲项目入选，并已于2018年开始实施[②]。

8.1.5.1 有机农场知识平台（Organic Farm Knowledge）为农民和顾问们提供了交流学习的平台

2018年12月，由Horizon 2020资助的OK-Net Ecofeed项目启动了知识扩展平台——有机农场知识平台（www.organic-farmknowledge.eu），它最初是OK-Net Arable框架的一部分。平台旨在促进欧洲农民之间信息和技术交流，共有12种语言。目前，该平台专注于有机耕作种植。2019年，平台将涵盖有机猪和家禽饲养领域，以及种苗、培育等其他领域。OK-Net Ecofeed的最终目标是成为欧洲有机农业实用信息的知识文库。

8.1.5.2 田间考察日——农民和研究人员之间的交流

近年来，农民、研究人员和其他农业参与者之间的国家和国际交流变得越来越重要。法国的“科技与生物”（Tech and Bio）和瑞士的有机耕作日（Bioackerbautag）均已连续举办多年。德国也将于2019年将举行第二届有机田间考察日（Ökofeldtage）活动，其2017年的首届活动吸引了超过8 000名参与者。2018年，奥地利也成功举办了有机田间考察日（Biofeldtage）。

8.1.5.3 2018 Biofach科技日

2月16日，第六届科技日（Science Day）在BIOFACH举行。科技日由TP Organics9[③]、欧洲有机食品和农业技术平台以及国际有机联盟技术创新平台（TIPI）联合举办。上午的会议与ERA-Net CORE Organic合作举办，来自欧洲委员会、法国和德国的政策制定者们专门讨论了欧盟的研究与创新政策，尤其是关于欧洲粮食和农业系统转型的大型研究项目。该项目将由欧洲地平线（Horizon Europe，Horizon 2020的后续框架计划）资助。在下午的会议中，TIPI详细阐述了南方国家在有机食品和农业系统研究上的差距，以及其亟待解决的100个问题，旨在推进区域战略性研究的日程。

---

① CORE Organic 是 Commission's ERA-NET Scheme in 2004的一部分，致力于打通国家政府研究和和欧洲整体研究资源的整合利用方面的合作

② 获取更多信息请登录http://projects.au.dk/coreorganiccofund

③ 获取更多信息请登录www.tporganics.eu

8.1.5.4 有机创新日

第四届有机创新日（Organic Innovation Days[①]）是TP Organics的年度活动，与2018年11月在布鲁塞尔召开的2018年全球可持续技术与创新大会合作举办。有机创新日旨在召集有机部门及其利益相关者——公司和科研团队、农民和农民组织以及政府决策者，共同探讨有机农业领域内外的科研需求和创新成果。本次有机创新日重点关注了欧盟“2021—2027欧洲地平线”的研究和创新计划，以及其为有机从业者创造的机会。

此外，有机创新日还公布了“有机农业创业先锋”的获奖者：将食蚜蝇成功商业化为天然有效传粉媒介的西班牙农业技术初创企业Polyfly。

8.1.5.5 欧洲地平线计划

“欧洲地平线”是“地平线2020”的后续计划，将从2021年持续到2027年。2018年12月12日，欧洲议会全体会议通过了关于欧洲地平线的实施细则的有关规定。欧洲议会认为，欧洲地平线应当“加快包括传统农业和有机农业等所有形式农业向可持续发展过渡”。欧洲议会还强调了社会参与，鼓励民间社会组织以及TP Organics等欧洲技术平台在欧洲地平线计划中发挥积极作用。但是，议会未能为民间参与制定明确的目标和衡量标准。

虽然欧洲议会意识到可持续发展目标（Sustainable Development Goals，SDGs）和巴黎协（Paris Agreement）的重要性，但TP Organics仍然坚持欧洲地平线计划应回归公众。既然欧洲议会未能取缔欧洲地平线计划中的“创新原则”，TP Organics认为应当关注“创新”应用，在“创新”条例上擦亮双眼，谨防有人利用“创新”做掩护，威胁欧盟的生态环境和公民健康。2019年，在欧洲议会、欧盟理事会和欧盟委员会共同商讨决定其最终的法律文本之后，议会将决定其在欧洲地平线计划上的立场。

8.1.5.6 ICOAS会议——中东欧的科学交流

2018年11月7日至9日，第六届有机农业科学国际会议（International Conference on Organic Agriculture Sciences，ICOAS）在奥地利举行。高层次的国际专家们在艾森斯塔特的埃斯特哈兹宫会面，交流有机生产各个环节的知识和经验。会议由瑞士有机农业研究所（FiBL）和奥地利政府的资助下的Esterhazy基金会共同组织，以“有机前

① 获取更多信息请登录http://tporganics.eu/organic-innovation-days/

沿——加强欧洲及其他地区伙伴关系”为主题，汇集科学家、顾问、企业家、政策制定者、行业协会、非政府组织和其他利益相关方，面对面讨论中东欧国家有机农业的最新研究和发展成果。来自30个国家的200名参会者各抒己见，共同讨论有机产业最新进展。更多信息详见http://icoas2018.org/。

8.1.6 欧洲有机农业发展的里程碑事件

欧洲有机农业发展的里程碑事件见表8-1。

表8-1 欧洲有机农业发展的里程碑事件①

时 间	事 件
20世纪20—30年代	德国出现了“自然耕作法”（Natürlicher Landbau，Landreform）（Vogt，2001）
1924	Rudolf Steiner的农业课程在Koberwitz（现为波兰Kobierzyce）开讲，标志着生物动力农业（Biodynamic Farming）的开端
1946	英国土壤协会（Soil Association，UK）成立
1946	Hans Müller和Maria Müller在瑞士成立栽培和利用合作社（Anbau- und Verwertungsgenossenschaft Heimat AVG），标志着有机生物农业的开始（Bio Suisse，2006）
1972	国际有机联盟（The International Federation of Organic Agriculture Movements IFOAM）在法国凡尔赛成立
1973	瑞士有机农业研究所（Research Institute of Organic Agriculture FiBL）在瑞士成立
1977	第一届IFOAM国际科学会议“向可持续农业进发”（Towards a Sustainable Agriculture）在瑞士锡萨赫召开
1980	根据瑞士、法国和英国的有机标准，两年一度的IFOAM大会在布鲁塞尔通过了《生物农业国际标准建议书》（*Recommendations for International Standards of Biological Agriculture*）的第一版
1981	奥地利食品法典委员会（Austrian Codex Alimentarius）提及有机农业
1984	全球有机农业第一任主席在德国Witzenhausen的卡塞尔大学上任
1985	法国政府实施与AB商标（AB logo）相对应的国家自愿性有机标准
1987	丹麦成为首个实施有机农业相关法律框架的国家
1988	首次在欧盟扩展计划框架内（仅适用于德国）给予了对有机农业的区域性支持

① 有关欧洲（以及世界其他地区）有机农业的详细历史，请参阅书籍*Organic Farming：An International History*，作者为Willi Lockeretz，CABI（Wallingford）2007年出版

（续表）

时 间	事 件
1990	第一届有机产品国际贸易展览会（BioFach，the International Trade Fair for Organic Products）在德国莱茵河畔的路德维希港举行
1991	第一份欧洲有机法规——农产品有机生产条例以及关于农产品和食品的指标［Council Regulation（EEC）2092/91 of 24 June 1991］颁布。该法规于1993年生效，划定了有机/生态/生物产品的农产品和食品的范围及其种植标准
1991	非正式国际有机联盟欧洲分会在布拉格成立
1992	欧盟农业环境项目启动［Council Regulation（EEC）No 2078/92］
1999	欧洲联盟统计局基于1997年的数据，首次出版欧洲有机农业报告
1999	在维也纳附近的巴登举行的有机会议——欧洲行动计划（European Action Plan）迈出的第一步
1999	欧盟有机法规开始涉及畜牧业的管理［Regulation（EC）1804/99］
2000	SÖL和IFOAM自2001年以来一直与有机农业研究所合作，首次共同出版《有机农业世界》（*The World of Organic Agriculture*）一书
2001	疯牛病危机开启了欧盟有机农业的新阶段
2001	名为“有机食品和农业——在欧洲建立伙伴关系并开始行动”的欧洲会议在丹麦哥本哈根举行，其《哥本哈根宣言》明确了欧洲的有机行动计划
2002	在线电子版有机农业的学术出版物集，*Organic Eprints*发布（www.orgprints.org）
2004	通过第一个欧洲有机农业行动计划
2003	国际有机联盟欧盟分会正式成立
2004	高质量低投入食品项目（Quality Low Input Food，QLIF）发布，这是迄今为止最大的欧盟研究项目
2004	欧洲有机食品和农业系统跨国研究合作（“Coordination of European Transnational Research in Organic Food and Farming Systems” CORE Organic）开启，旨在增进各国间的科研合作
2007	欧洲有机食品和农业研究技术平台（The European Technology Platform for Organic Food and Farming Research TP Organics）成立
2007	欧洲有机法关于有机产品生产和商标的规定修订版［Council Regulation（EC）No 834/2007 of 28 June 2007 on organic production and labelling of organic products］颁布
2014	第二个欧洲有机农业行动出炉
2015	TP Organics组织第一次有机创新日
2018	欧盟有机农业法规修订版［Regulation（EU）2018/848 of the European Parliament and of the Council of 30 May 2018 on organic production and labelling of organic products and repealing Council Regulation（EC）No 834/2007］颁布，将于2021年1月1日生效

注：本表中数据由 Helga Willer（FiBL）Bram Moeskops（IFOAM EU）Otto Schmid（FiBL）共同收集

8.1.7 2017年欧洲与欧盟有机农业关键指数

2017年欧洲与欧盟有机农业关键指数见表8-2。

表8-2 2017年欧洲与欧盟有机农业关键指数

指 数	欧 洲	欧 盟	排名前三位的欧洲国家
有机农场面积	1 460万公顷	128万公顷	西班牙：210万公顷 意大利：190万公顷 法国：170万公顷
有机农业占总农业用地比例	2.9%	7.2%	列支敦士登：37.9% 奥地利：24.0% 爱沙尼亚：20.5%
2016—2017年有机农地面积增加	100万公顷	80万公顷	俄罗斯：341 778公顷 法国：206 373公顷 德国：121 837公顷
2016—2017年有机农地面积增长率	7.6%	6.4%	俄罗斯：108% 马耳他：80% 波斯尼亚和黑塞哥维那：28%
用地面积	耕地：680万公顷 永久耕地：160万公顷 永久牧场：590万公顷	耕地：550万公顷 永久耕地：140万公顷 永久牧场：570万公顷	
最多的作物类型	谷物：250万公顷 绿色饲料：240万公顷 油料作物：40万公顷	绿色饲料：220万公顷 谷物：200万公顷 干草：40万公顷	最大耕种面积 法国：90万公顷 意大利：80万公顷 俄罗斯：60万公顷
最多的永久耕种作物类型	橄榄：60万公顷 葡萄：30万公顷 坚果：30万公顷	橄榄：50万公顷 葡萄：30万公顷 坚果：30万公顷	最大永久作物区域 西班牙：50万公顷 意大利：50万公顷 土耳其：20万公顷
野生采集区	180万公顷	147万公顷	芬兰：1 160万公顷 罗马尼亚：180万公顷（2014年） 马其顿，前南斯拉夫：120万公顷
生产者数量	39.7万人	30.5万人	土耳其：75 067人 意大利：66 773人 西班牙：37 712人

（续表）

指　数	欧　洲	欧　盟	排名前三位的欧洲国家
加工者数量	71 375人	68 165人	意大利：18 092人 德国：15 019人 法国：14 859人
进口商数量	5 314个	4 585个	德国：1 692个 瑞士：548个 荷兰：385个
零售额	421.4亿美元	387.5亿美元	德国：113.4亿美元 法国：89.5亿美元 意大利：35.4亿美元
2016—2017年零售额增长率	10.5%	10.9%	法国：18% 西班牙：16% 丹麦，列支敦士登：15%
有机产品占总产品零售额比例	无数据	无数据	丹麦：13.3% 瑞典：9.1% 瑞士：9.0%
人均消费额	53.1美元	75.7美元	瑞士：325.4美元 丹麦：314.1美元 瑞典：267.7美元

数据来源：2019年FiBL-AMI调查

8.2　欧洲和欧盟的有机农业及市场发展①

本章节主要内容是欧洲的有机农业和市场统计，包括欧盟的28个成员国②，欧盟候选国和潜在的候选国（CPC：阿尔巴尼亚、波斯尼亚和黑塞哥维那、科索沃、马其顿、黑山、塞尔维亚、土耳其），欧洲自由贸易联盟（EFTA：冰岛、挪威、列支敦士登、

① 《2019年世界有机农业概况与趋势预测》中更新了国际有机联盟欧盟分会和瑞士有机农业研究所（FiBL）为《2016有机在欧洲》（Organic in Europe，2016，Willer等，2016）合著的一篇文章《欧洲有机食品和农业增长趋势》，因此，本章的结构与其他的章节有所不同

本章节作者：Helga Willer，Diana Schaack和Julia Lernoud；翻译：卿熙雯、赖凌航、李怡然、赵春扉和李墨瀚；作图：赵惠娟

② 欧盟的28个成员国包括在在2004年5月或之后成为欧盟成员国13国（EU-13），以及在2004年5月1日之前的欧盟15国（EU-15）。本书采用2017年的数据，因此英国也在欧盟成员国之中

瑞士），以及其他欧洲国家：安道尔、白俄罗斯、摩尔多瓦、俄罗斯、圣马力诺和乌克兰。

2017年，欧洲有机产业的发展呈现出两种趋势。一方面，市场再次呈现两位数的增长率（欧洲10.5%，欧盟10.9%）。另一方面，有机耕地面积的增长速度仍旧低于市场增速，虽然形势已比前10年好了许多，整个欧洲的有机耕地面积增长了7.9%，欧盟增长了6.4%。这一趋势已经持续了好几年，说明有机农业生产仍然跟不上消费者需求。但是，总面积只是一方面。我们不仅要比较耕作面积和零售业总量上的增长，还要着重考虑土地的利用方式以及作物和畜牧业的类型，还有最重要的产值。例如在过去几年里，更为密集生产的水果、蔬菜和牛奶等农产品的产量显著增加了，这就值得我们关注。

8.2.1 产量和市场亮点

2017年，欧洲有1 460万公顷采用有机管理的土地（欧盟1 280万公顷）。西班牙以超过200万公顷继续位列榜首，几乎占据了欧洲农地的1/6，其次是意大利（190万公顷）和法国（170万公顷）。

整个欧洲的有机农地增加了近100万公顷（俄罗斯对增长贡献最多），欧盟增加了80万公顷，在整个欧洲的增长率是7.6%，在欧盟国家中的增长率是6.4%，略低于2016年，但比前几年有所提高。在2008—2017年的10年间，有机农业用地增加了2/3以上。

整个欧洲的有机农地占农业用地总面积的2.9%，其中欧盟占7.2%。无论是在欧洲还是在全球，列支敦士登的有机农地占农业用地比例都最高（37.9%）。其次是奥地利，位列欧盟国家榜首（24%）。整个欧洲总共有10个国家的有机农地占比超过了10%，其中8个是欧盟国家。

欧洲有近40万名有机生产人员（欧盟有近31万名），其中土耳其（75万名）和意大利（6.7万名）的人数最多。仅2017年，欧洲的有机生产人员数量就增长了近7%（欧盟约4%）。而在2008—2017年的10年间，欧洲和欧盟的有机生产人员数量分别增长了79%和55%。

欧洲有超过7.1万个有机加工商（比2016年增长了8.3%），欧盟有超过6.8万个（比2016年增长了8.8%），其中意大利的数量最多（1.8万名）。

进口商数量的增长速度超过了生产人员和加工商：欧洲有超过5 300个进口商（比2016年增长了14.1%），欧盟有近4 600个（比2016年增长了15.5%），其中德国以

1 692个位列第一。

欧洲的有机零售额估计为421.4亿美元（欧盟为387.5亿美元）。欧盟是仅次于美国的世界第二大有机产品市场。德国拥有113亿美元的市场额，位列欧洲第一、世界第二。

欧洲的有机市场增长了10.5%（欧盟为10.9%），这是自金融危机以来零售额第三次出现两位数增长。在所有主要市场中，法国的增长率最高（18%）。在2008—2017年的10年间，欧洲和欧盟的有机市场总值几乎翻了一番。

2017年，欧洲消费者在有机食品上人均花费53.1美元（欧盟为75.7美元），比10年前的金额翻倍。其中，瑞士的人均消费最高，为325.4美元。

在全球范围内，欧洲国家占有机食品总市场的比例最高。其中，丹麦以13.4%的市场份额位列世界榜首，同时也是全球第一个突破10%大关的国家。

8.2.2 有机农业用地

2017年欧洲与欧盟国家的有机农业用地情况见表8-3。

表8-3 2017年欧洲与欧盟国家的有机农业用地

地 区	有机面积（万公顷）	有机份额	2016—2017年增长率	2016—2017年增长量（万公顷）	2008—2017年增长率	2008—2017年增长量（万公顷）
欧 盟	1 280	7.2%	6.4%	80	67%	510
欧 洲	1 460	2.9%	7.6%	100	76%	620

数据来源：基于欧洲统计局和各国数据的FiBL-AMI报告

8.2.2.1 有机农业用地

2017年，欧洲有1 460万公顷有机种植土地，欧盟有近1 280万公顷，欧盟集中了欧洲近90%的有机农地。其中，西班牙的有机用地面积最大，占整个欧洲的1/6；其次是意大利、法国、德国以及俄罗斯，他们共同占据了欧洲有机农地的一半以上（图8-2和图8-3）。整个欧洲的有机农地占据了世界的1/5还多，这一数据较前几年有所下滑。欧洲的有机农地一度占据了世界总量的1/4。近年来，由于澳大利亚在有机农地上的强劲增长，欧洲的占比才有所下滑。

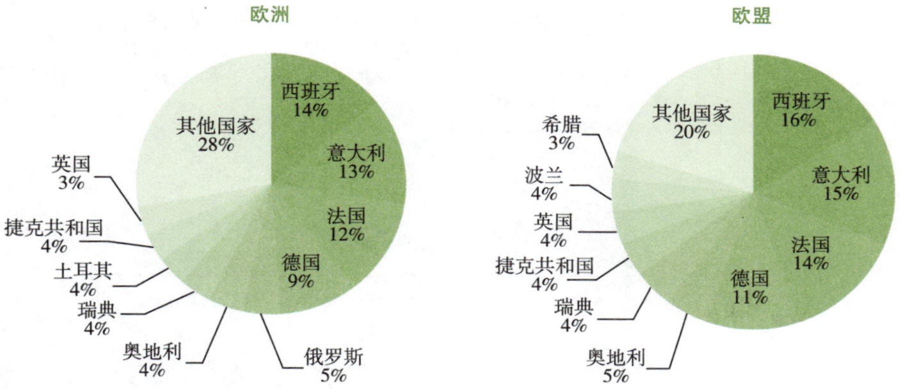

图8-2 2017年欧洲与欧盟各国有机农地分布情况（有机农地总面积：1 350万公顷）

数据来源：2019年FiBL-AMI调查

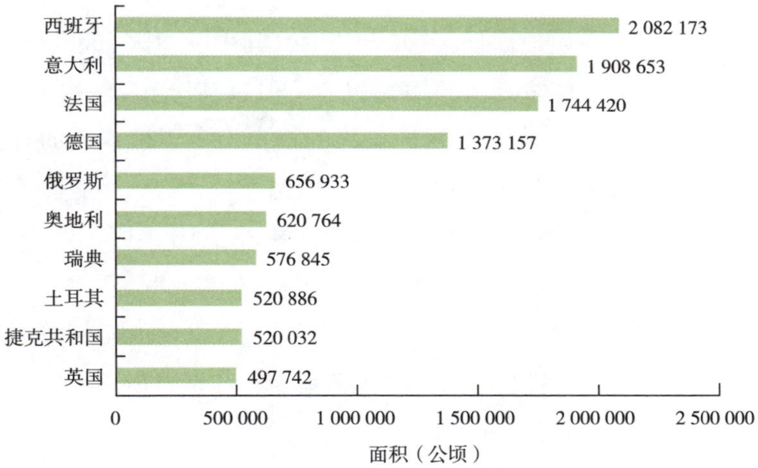

图8-3 2017年欧洲有机农地面积位列前十位的国家/地区

数据来源：2019年FiBL-AMI调查

8.2.2.2 有机农业用地占总农业用地比例

在欧洲，2.9%的农业用地采用有机管理，在欧盟是7.2%。欧洲总共有10个国家有超过10%的有机农地，其中有8个是欧盟国家（图8-4）。有机土地占本国总农业用地最高的国家是列支敦士登（37.9%），其次是奥地利（24%）、爱沙尼亚（20.5%）和瑞典（18.8%）。列支敦士登同时也是世界上有机农地占比最高的国家。

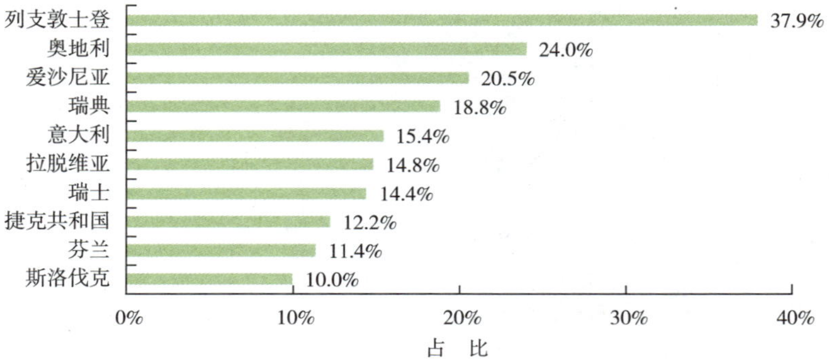

图8-4 2017年欧洲各国有机农地占比位列前十位的国家/地区

数据来源：2019年FiBL-AMI调查

8.2.2.3 有机农地面积的增长

2017年欧洲的有机农业用地增加了100万公顷，其中欧盟国家增加了80万公顷，增幅分别为或7.6%和6.4%，与前两年的增幅相当，但远高于2011—2014年间的增长幅度（图8-5和图8-6）。根据一项国际认证机构的报告，由于俄罗斯的有机农地大幅增加，因此整个欧洲的有机农地绝对增长率高于欧盟国家。

对欧洲增长率贡献最高的国家是俄罗斯。其次是法国、德国和意大利，共同贡献了近80万公顷的新增有机农地。相对增长率最高的是俄罗斯（108%）[①]和马耳他（81%）（图8-7）。但是，英国和斯洛伐克等国家的有机种植面积停滞不前或只增加极小。在乌克兰、波兰和保加利亚等国，有机种植面积甚至有所减少。

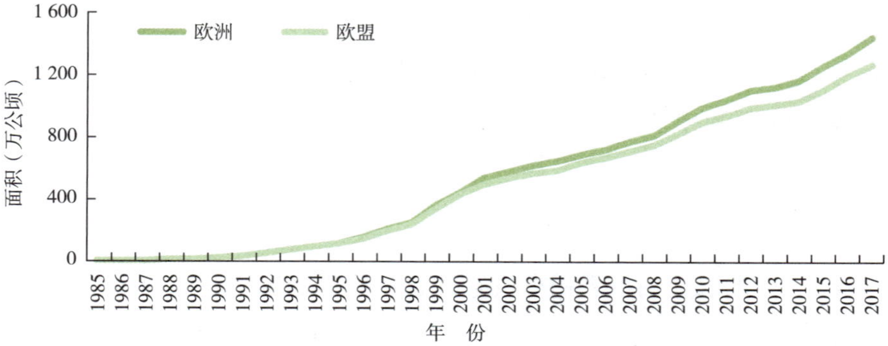

图8-5 1985—2017年欧洲及欧盟国家有机农业用地面积变化

数据来源：2006—2019年FiBL-AMI报告，其数据基于各国及欧洲统计局资料；2000年之前的数据来源于Nic Lampkin的报告；本图中“欧盟国家”指2017年的欧盟成员国

① 笔者估测这些数据的增长有一部分原因是现在的统计工作做得比以前更细致

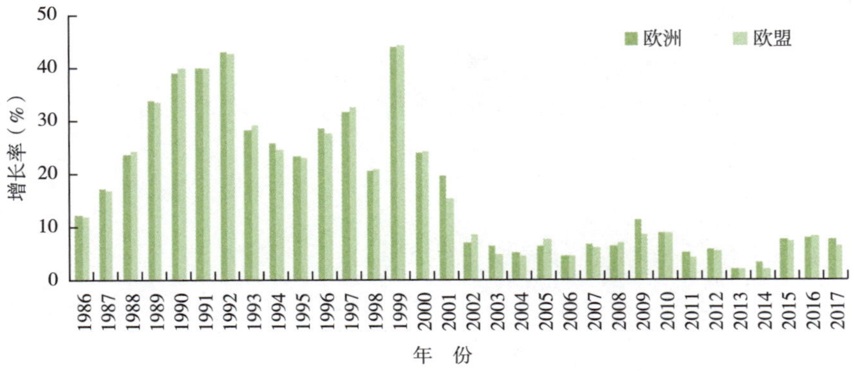

图8-6 1986—2017年欧洲及欧盟国家有机农业用地增长率

数据来源：2006—2019年FiBL-AMI报告，其数据基于各国及欧洲统计局资料；2000年之前的数据来源于Nic Lampkin的报告

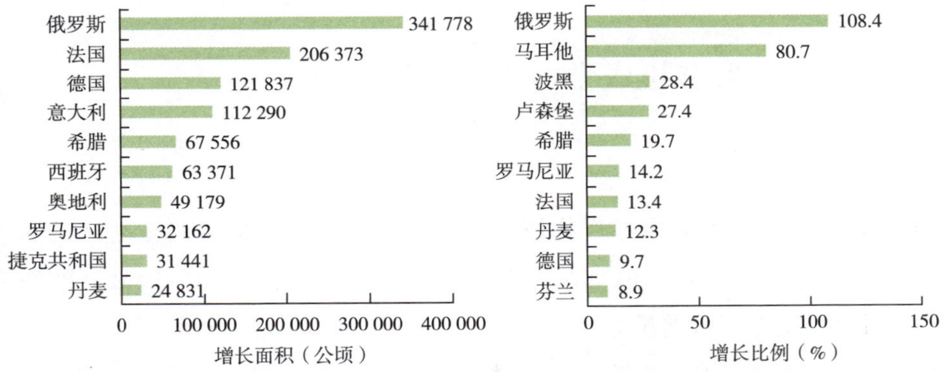

图8-7 2017年欧洲有机农业用地增长面积和比例前十位国家/地区

数据来源：2019年FiBL-AMI调查

8.2.2.4 转换期有机农地情况

大多数国家提供了本国完全转换及转换期内的土地详细信息，但奥地利、德国和瑞士等少数国家未能提供相关数据。

在欧洲1 460万公顷的有机农业用地中，有至少930万公顷已完成有机转换（欧盟的1 280万公顷中有830万公顷已完成），有至少280万公顷土地正在转换中（欧盟有250万公顷）（图8-8）。因此，我们可以预测在不久的将来，有机产品的供应会大大增加。

就国家来看，中东欧国家转换期土地的面积最大，特别是罗马尼亚（10.93万公顷）、波兰（10.86万公顷）、匈牙利（9.52万公顷）和保加利亚（8.81万公顷）。

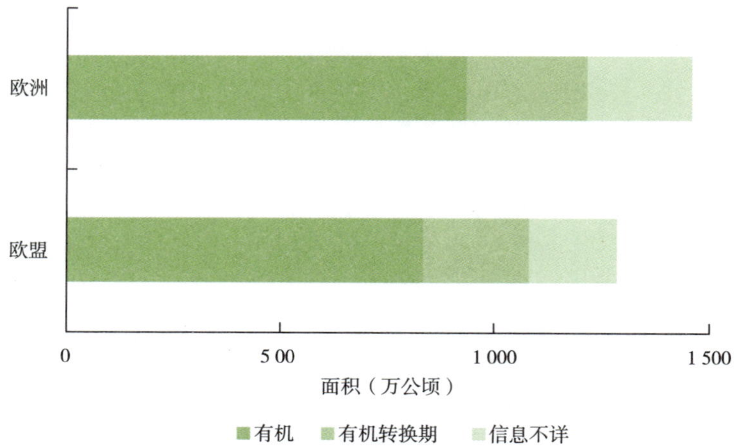

图8-8　2017年欧洲和欧盟有机土地的转换情况

数据来源：2019年FiBL-AMI调查

8.2.3　土地利用和有机农业种植的作物

8.2.3.1　土地利用

欧洲所有国家的土地利用和作物情况均有详细数据，而世界其他地区的这方面数据往往无法获得。在这方面，欧洲与世界的差别相当大。自2004年以来，欧洲所有类型①的农业用地面积均有所增长②。

如图8-9和表8-4，耕地在有机农地中占据相当大的比例。欧洲有680万公顷，欧盟有550万公顷，分别占有机农地面积的47%和43%。由于俄罗斯和乌克兰有大面积生产谷物、油料作物和干豆的土地，欧洲的有机耕地面积更大。永久性草地在欧洲占590万公顷，在欧盟就有570万公顷。欧洲和欧盟分别有160万和140万公顷的有机多年生作物，总共占据了有机农地的11%。根据联合国粮食及农业组织（FAO）非严格可比的数据，有机耕地占欧洲耕地总面积的5.7%（欧盟4.6%）。虽然欧盟的有机牧场在总永久放牧面积中占比高达8.9%，但欧洲的这一数据却较低（3.1%）。多年生作物的有机份额最高：欧盟为11.7%，欧洲为8.7%。

① 主要用地类型包括：耕地（主要包括谷物、新鲜蔬菜、绿色饲料、干豆类和油料作物）；永久性草地（牧场和草原）；多年生作物（果树和浆果、橄榄树林和葡萄园）

② 2004年，FiBL开始搜集有机作物和用地情况的相关数据

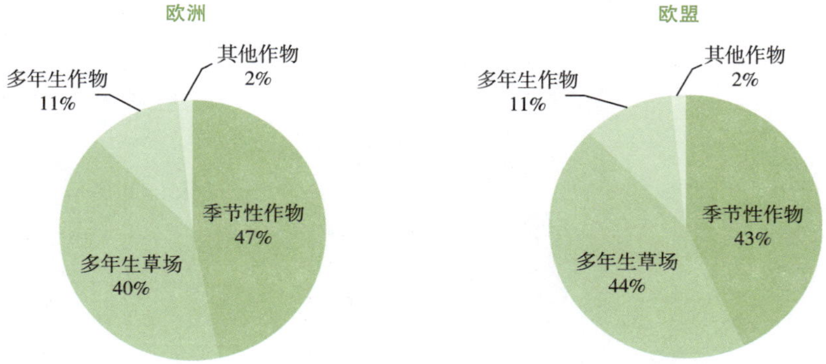

图8-9 2017年欧洲有机土地利用的分布情况

数据来源：2019年FiBL-AMI调查

表8-4 2017年欧洲和欧盟的有机农业用地使用情况

土地类型	欧洲面积（万公顷）	欧洲占比	欧盟面积（万公顷）	欧盟占比	2016—2017年欧洲变化率	2016—2017年欧盟变化率	2008—2017年欧洲变化率	2008—2017年欧盟变化率
耕　地	680	5.7%	550	4.6%	9.9%	5.4%	98%	83%
永久性草场	590	3.1%	570	8.9%	4.4%	4.6%	53%	52%
永久性作物	160	8.7%	140	11.7%	5.3%	6.4%	116%	103%
合　计	1 460	2.9%	1 280	7.2%	7.5%	6.4%	76%	67%

数据来源：2019年FiBL-AMI调查，其数据基于各国及欧洲统计局资料

注意：“合计”包括其他农业用地以及双季耕地面积的修正值

2016—2017年增幅最大的是耕地面积（欧洲为9.9%），主要是因为俄罗斯报的有机耕地面积大幅增加。在欧盟，耕地面积增加了5.4%，草地和多年生作物增加了约5%。

在2008—2017的10年间，耕地和多年生作物的面积几乎翻了一番，增长率超过了50%，高于永久性草地的增幅。大面积草地的重要性不断下降，也彰显了有机农业集约化的特点。按国家来看，西班牙拥有最大的永久草场或放牧区，面积超过100万公顷，其次是德国和法国（图8-10）。意大利以130万公顷位列农地面积（即耕地和多年生作物合计）榜首，西班牙和法国以100万公顷紧随其后（图8-10）。2004—2007年欧洲与欧盟有机农业土地使用类型增长情况见图8-11和图8-12。

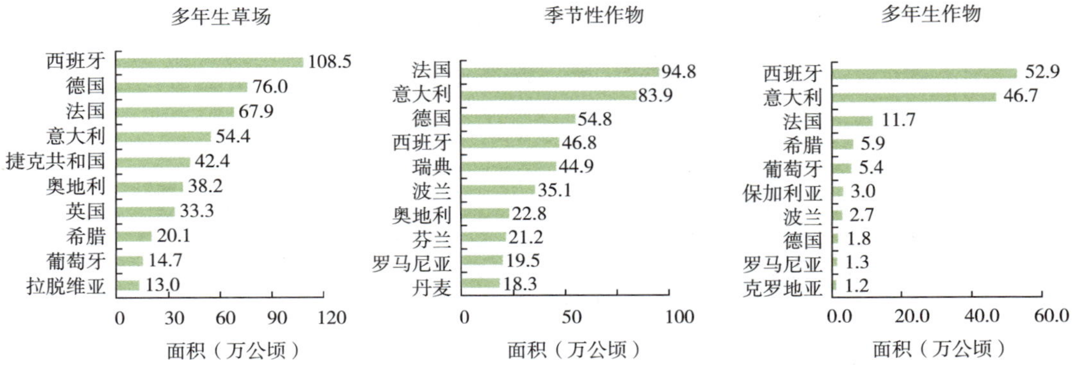

图8-10　2017年欧洲有机农业土地利用前十位国家的情况

数据来源：2019年FiBL-AMI调查

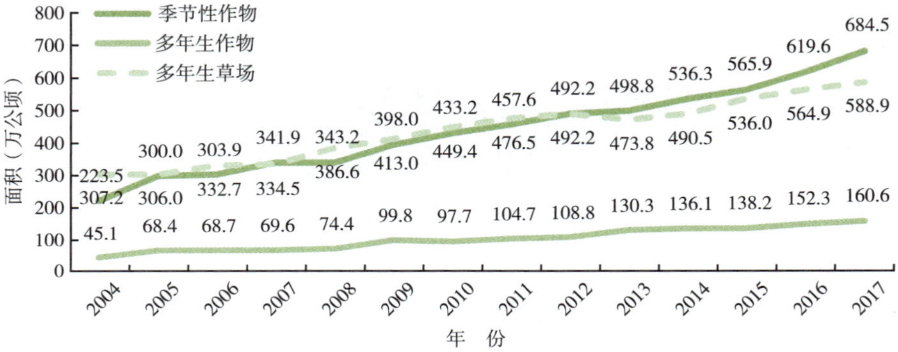

图8-11　2004—2017年欧洲有机农业土地使用类型的增长情况

数据来源：2019年FiBL-AMI调查

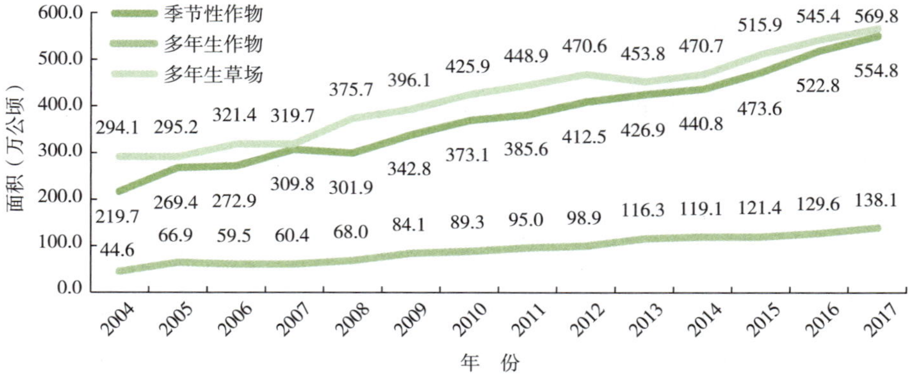

图8-12　2004—2017年欧盟有机农业土地使用类型的增长情况

数据来源：2019年FiBL-AMI调查

8.2.3.2 有机农业种植的作物情况

除了温带水果种植面积在欧盟的小幅度滑落，欧洲和欧盟其他主要类型的耕地和多年生作物都呈增长态势。

（1）耕地作物

有机耕地（欧洲600万公顷，欧盟550万公顷）的很大一部分用于生产可耕地中的谷物和青饲料，占有机耕地的2/3左右。就有机比例而言，干豆类是最成功的作物；在欧盟，干豆类占总干豆类面积的近1/5。在有机农业中，它们对作物轮作和动物饲料很重要，在传统农业中干豆类的消失是因为蛋白质作物被引入到动物饲料中，同时轮作也被化肥的使用所取代。在主要作物中，蔬菜和油料作物的土地面积增长幅度最大，反映出欧洲有机农民们正在迎合关于蔬菜和饲料的日益增长的市场需求。在2008—2017年的10年中，油料作物和干豆类的增长最快，增长了两倍多。

谷物是欧洲最大的作物群，共有250万公顷，占欧洲可耕地面积的1.7%；在欧洲和欧盟，谷物是第二大作物群，约190万公顷，占总面积的3.5%。小麦是最重要的谷类作物（近100万公顷）。谷物种植面积最大的国家是意大利（约30万公顷，包括大面积的硬粒小麦），其次是德国（约27万公顷）和法国（约240万公顷）。谷物总面积中有机食品占比最高的是奥地利（14.6%），其次是瑞典（11.4%）和爱沙尼亚（11.1%）。除欧盟外，土耳其、俄罗斯和乌克兰也是主要的谷物生产国。

在欧盟，面积最大的可耕地作物组是青饲料，占地220万公顷（欧洲240万公顷）。三叶草、青玉米和耕地上种的草是主要的作物类型。

2017年，欧洲的有机蔬菜种植面积超过17万公顷，欧盟的有机蔬菜种植面积接近16万公顷，分别占各自蔬菜种植总面积的2.9%和5.8%。虽然蔬菜在2017年的主要作物群体中增长最快，但与其他作物群体相比，它们在2008—2017年10年的增长速度却没有那么快。这是因为蔬菜是有机农业的先锋作物之一，而且在过去的几十年中已经历过强势增长。面积最大的地区是意大利（5.5万公顷），其次是法国（2.1万公顷）和西班牙（2万公顷）。丹麦（33.3%）和奥地利（24%）的蔬菜有机比例都很高。

在欧洲有44万公顷的有机干豆类种植，欧盟有39万公顷，占所有干豆类种植面积的很大比例（欧洲8.7%，欧盟18.1%）。其中一个原因是，由于世界市场上用于动物饲料和人类消费的廉价大豆等供应，传统作物的种植面积多年来一直在减少。干豆类的强劲增长及其高有机份额也反映出欧洲有机农民们努力提高土壤肥力以减少对蛋白质作物进口的依赖。干豆类面积最大的国家有法国（9.74万公顷），其次是意大利（4.97万公顷）和波兰（4.33万公顷）。希腊（64%）的有机食品份额最高，随后是奥地利（57%）和丹麦（51%）。

（2）多年生作物

欧洲的大部分多年生作物用地（欧洲160万公顷，欧盟140万公顷）种植了橄榄、葡萄和坚果。其中橄榄占了1/3的多年生作物面积，葡萄占了1/5。在2008—2017年的10年中，增长量最大的是葡萄，超过了两倍。在欧洲，橄榄（59万公顷）和葡萄（34万公顷）占了多年生作物用地的一半。两者的有机比例都达到了各自总量的近10%。

大多数多年生作物的有机比例高于可耕地作物。然而，应当注意的是，联合国粮食及农业组织的数据并不包括有机农业中种植的所有浆果或坚果类型，因此，在总的情况下不能与有机数据直接比较。

西班牙和意大利各有超过10万公顷的有机葡萄种植面积，再加上奥地利（12.2%），它们拥有最高的有机葡萄种植比例（除了英国和比利时等少数有机葡萄生产者的有机葡萄种植比例更高）。在意大利，15.8%的葡萄种植面积是有机的，而在西班牙，有机葡萄种植面积占比则为11.6%。

对于橄榄，意大利和西班牙也处于领先地位（分别为23.6万公顷和19.5万公顷）。马耳他（32.5%）和法国（27.3%）的有机比例最高。意大利的增长最快，2017年有机橄榄面积增加了1.3万多公顷。

温带水果的有机种植面积为13.4万公顷（欧盟10.1万公顷），占温带水果总面积的4.8%（欧盟为7.8%）。部分欧盟国家有很多土地专门种植温带水果（例如，波兰的苹果和波罗的海国家的浆果，两者都用于加工而不是用于鲜食）。最重要的水果是苹果（5.6万公顷）、李子（1.5万公顷）和樱桃（1.53万公顷）。最大的温带水果生产国是土耳其（2.6万公顷）、意大利（2.48万公顷）和法国（1.67万公顷）；拉脱维亚的有机面积比例最高（43%）。

8.2.3.3　其他有机区域

除了农业用地，还有更多的有机地区。其中大部分是野生采集区，占地1 700万公顷（欧盟1 470万公顷）。欧洲（以及世界）最大的野生采集区是芬兰，占地1 160万公顷（主要是浆果）。

8.2.4　有机畜禽

到目前为止，有机畜禽的相关统计数据尚不完整，目前无法全面分析整个行业的现状。然而，根据现有的数据来看，欧洲国家有机畜禽行业正处于快速发展阶段。在许多国家中，有机畜牧业的发展始于牛肉、羊肉和牛奶的生产。目前欧洲共饲养有440万头牛、520万只羊、近100万头猪和5 000万只其他家禽。

与某些作物群体相比，畜禽的有机比例仍然很小。单胃动物（猪和家禽）的比例最低，部分原因是当地有机饲料供应不足，难以提供可追溯的认证饲料进口，对猪和家禽畜舍和围栏的高投资，以及消费者必须支付的高价格溢价。由于广泛性的生产计划转换更容易，因此绵羊和牛的有机产品比例最高。同时，并非所有这些有机产品都以溢价在有机市场上销售。

2008—2017年，家禽数量增长最快（超过100%），部分原因是鸡蛋需求量较高。然而，在此期间的牛肉和奶牛占比也大幅增长（65%）、绵羊（74%）和猪（48%）也同样增长。

对于牛类动物（欧洲有440万头），德国、法国和奥地利的数量最多。在拉脱维亚、列支敦士登、瑞典和奥地利，牛类养殖的有机比例最高（均超过20%）。

至于绵羊（总共520万头），数量最多的是希腊、英国和意大利。3个波罗的海国家和捷克的有机比例最高（均超过40%）。

从欧洲现有的生猪养殖（100万头）数据来看，德国、丹麦和法国的数量最高。而对于家禽（5 000万只），由于定义不同，国家层面的数据是不可比较的。

有机牛奶生产是所有欧洲国家均可提供的相关生产指标之一。由于不断增长的牛奶和乳制品需求，有机牛奶产量自2008年至2017年几乎翻了一番（图8-13）。2017年欧洲有机牛奶的产量为460万吨（欧盟430万吨），占2017年欧盟牛奶产量的3%。

图8-13 2007—2017年欧洲和欧盟有机牛奶生产的发展情况

数据来源：2009—2019年FiBL-AMI调查

8.2.5 生产者、加工商、进口商和出口商

虽然几乎所有国家都能获得有机生产者的数据，但加工商和进口商却并非如此，而出口商则更甚。尽管数据可用性正在提高，但仍不可能为后几年的指标绘制出清晰的图像。

8.2.5.1 有机生产者

2017年，欧洲有近40万个有机生产者，欧盟则是30万个多一点。在欧盟，生产者最多的国家是意大利（近6.7万个）；而在欧洲，则是土耳其（超过7.5万个）（图8-14）。与欧盟相比（+3.5%），欧洲整体增长更强劲（+6.5%），主要是由于土耳其生产者数量的大幅增多，而波兰、罗马尼亚等欧盟国家的生产者在减少。在2008—2017年的10年中，欧洲的生产者数量增加了79%（欧盟55%）（图8-15）。目前，世界上近1/6的有机农民都在欧洲。

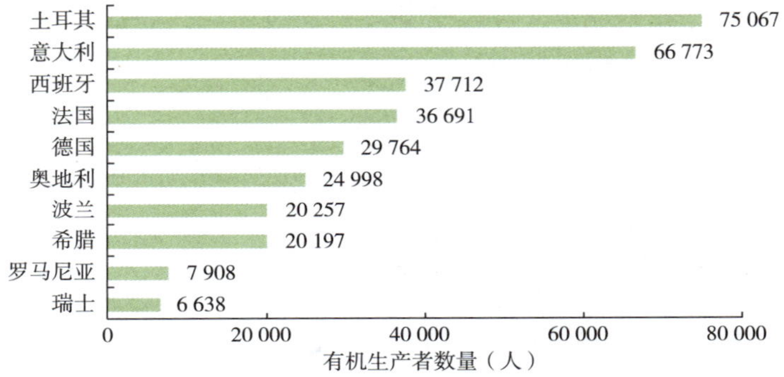

图8-14 2017年欧洲有机生产者位列前十位的国家/地区

数据来源：2019年FiBL-AMI调查

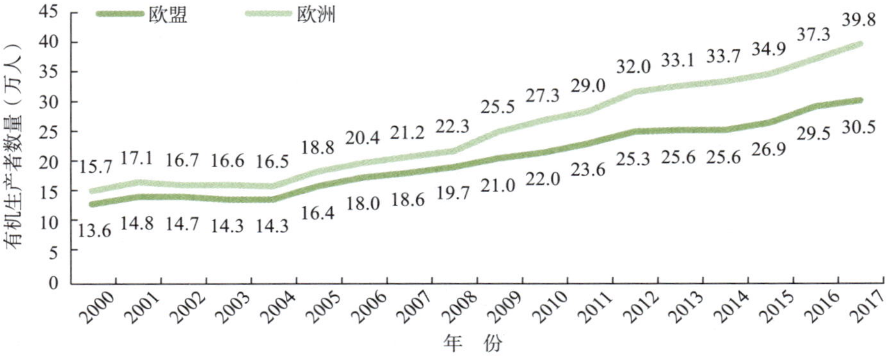

图8-15 2000—2017年欧洲和欧盟有机生产者的发展情况

数据来源：2006—2019年FiBL-AMI调查

8.2.5.2 有机加工商和进口商

欧洲有超过7.1万个有机加工商（与2016年相比增长了8.3%），欧盟有超过6.8万个有机加工商（增长了8.8%）。加工商数量最多的国家是意大利（1.8万个）（图8-16）。进口商增长了两位数；在欧洲有超过5 300个进口商（占比14.1%），而欧盟有约4 600个进口商（占比15.5%）。德国是进口商最多的国家（有1 687个）。

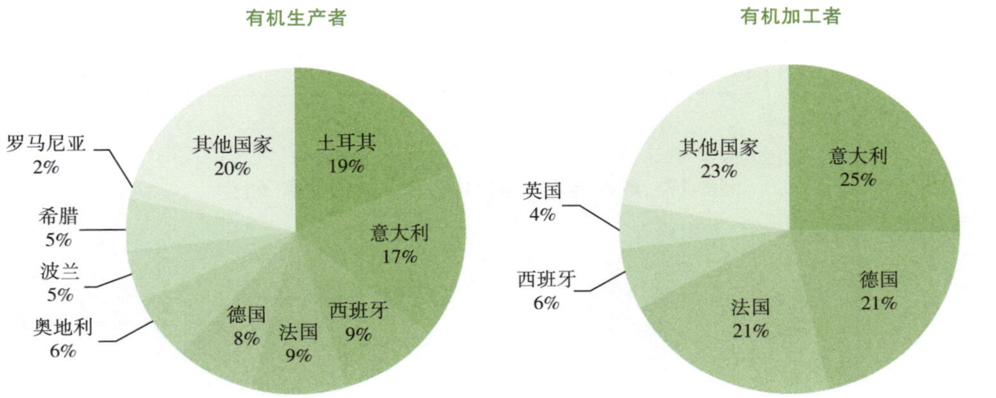

图8–16 2017年欧洲各国有机生产者和加工商的分布

数据来源：2019年FiBL-AMI调查

8.2.6 有机产品零售销售额

2017年，欧洲的有机产品市场增至421.4亿美元（欧盟国家：387.5亿美元）。然而并不是所有的国家都定期提供基于其国内市场的数据，因此可以估计实际的市场要更大。

8.2.6.1 有机产品市场规模

德国仍是欧洲最大的有机产品市场（零售额113亿美元）和仅次于美国的世界第二大有机产品市场。法国以89.2亿美元居欧洲第二位（图8-17）。从单一市场角度来比较全球有机产品市场，美国占据领先地位：全球的有机产品零售的44%来自美国（451.9亿美元），而欧盟紧随其后（387.5亿美元；占比全球37%）（图8-18）。从大洲的角度来比较全球有机产品市场，北美洲是最大的市场（485.8亿美元）。

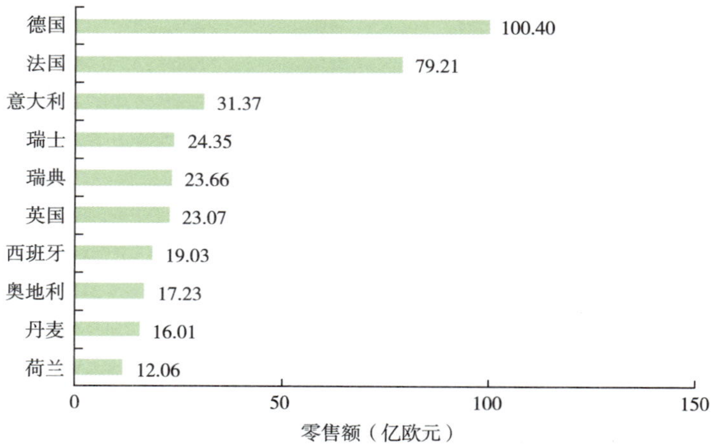

图8-17　欧洲有机零售额位列前十位的国家/地区

数据来源：2018年FiBL-AMI调查

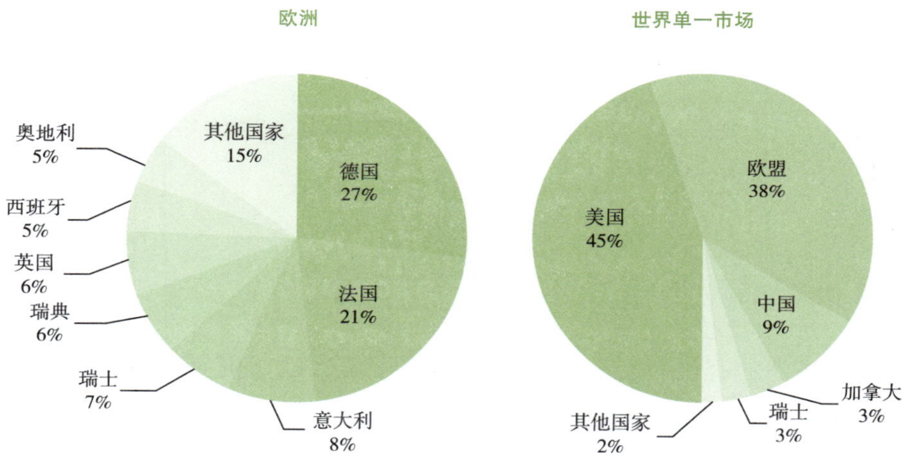

图8-18　2017年欧洲各国零售额和世界单一市场零售额的分布情况

数据来源：2019年FiBL-AMI调查

8.2.6.2　有机市场的增长

2017年，无论是欧洲还是欧盟国家，有机市场增长率均超过10%。这是自2008年金融危机以来欧洲第三次出现两位数的增长率。在2008—2017年的10年间，有机产品市场的规模几乎是之前的两倍（图8-19）。

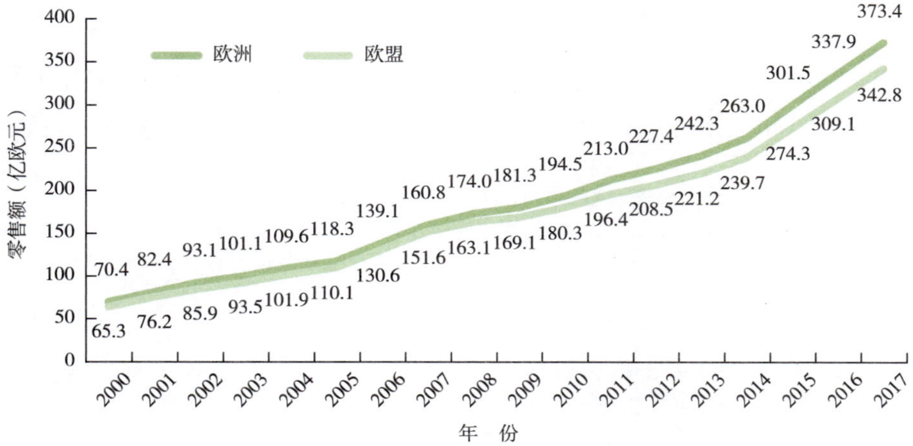

图8-19　2000—2017年欧洲和欧盟有机零售额的发展情况

数据来源：2004—2019年FiBL-AMI调查

所有公布了最新数据的国家都呈现出了增长，许多还是两位数增长。法国市场的增长速度最快。当年增长率达到了18%，西班牙紧随其后（16%）（图8-20）。

英国的零售业销售额之前曾多年下降，但在目前已经连续6年出现增长（2017年增长率为6%）。值得注意的是，2015—2017年英国以欧元结算的销售额有所下降，这是英国脱欧公投后英镑汇率下跌造成的。

在2018年，许多欧洲国家的市场经历了更进一步的两位数增长。预计数据将在2019年年初提供。

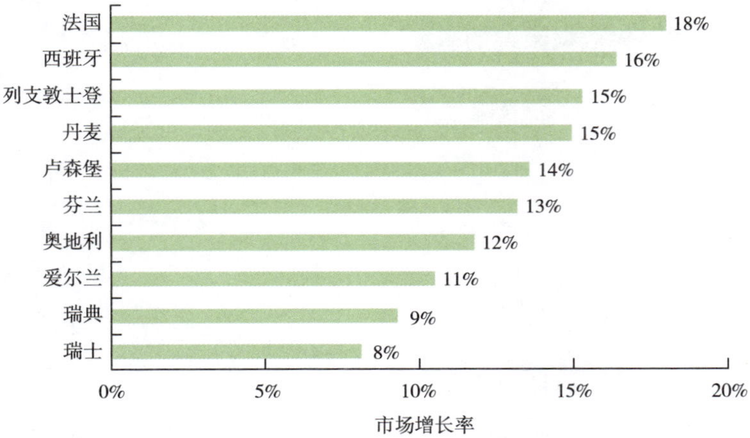

图8-20　2017年欧洲有机市场增长率最高的国家/地区

数据来源：2004—2019年FiBL-AMI调查

8.2.6.3 人均有机产品消费量

和往年一样，人均有机产品消费量最高的为瑞士（288欧元，325.4美元），其次是丹麦（278欧元，314.1美元）（图8-21）。2017年8个国家人均消费量高于113美元。

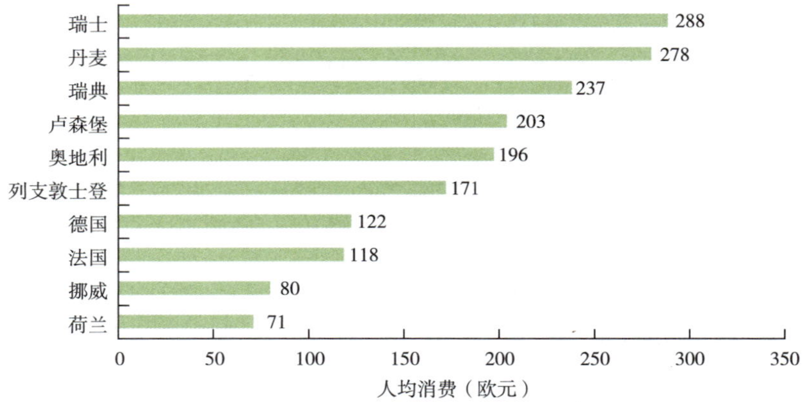

图8-21 2017年欧洲人均消费有机产品前十位的国家/地区

数据来源：2019年FiBL-AMI调查

人均消费的增长很好地表明了消费者兴趣的持续增长，特别是2017年的显著增长（图8-22）。欧洲的人均消费量分别上升到53.1美元，欧盟国家则是75.7美元。

在中欧和东欧国家，消费者支出仍然很低。有迹象表明市场目前发展迅速，特别是在波罗的海国家（爱沙尼亚、拉脱维亚和立陶宛）。然而，一些国家缺少零售业数据，也没有定期更新。尽管区域和经营商的数据的可得性以及可及性都很好，但捷克却是唯一具有永久收集零售数据系统的国家。

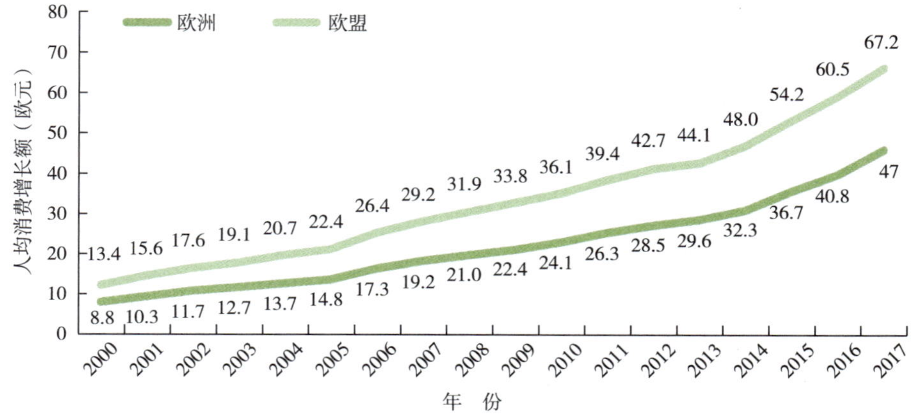

图8-22 2000—2017年欧洲和欧盟有机产品人均消费增长

数据来源：2019年FiBL-AMI调查

8.2.6.4 有机市场份额

有机产品在零售总额中所占的份额体现了有机产品市场在某一国家的重要性。同过去一样，欧洲国家中，有机产品所占市场份额最高的是丹麦（13.3%，也是全球有机市场份额最高）、瑞典（9.1%）和瑞士（9.0%）（图8-23）。事实上，许多国家的整体食品市场没有增长，同时食品价格却下降了，这导致有机食品的份额增长得更快。相比之下，单独看某种或者某类有机产品，反而会发现其市场份额会高得多。由于没有欧洲或整个欧盟的零售销售数据，因此无法计算整体的有机市场份额。

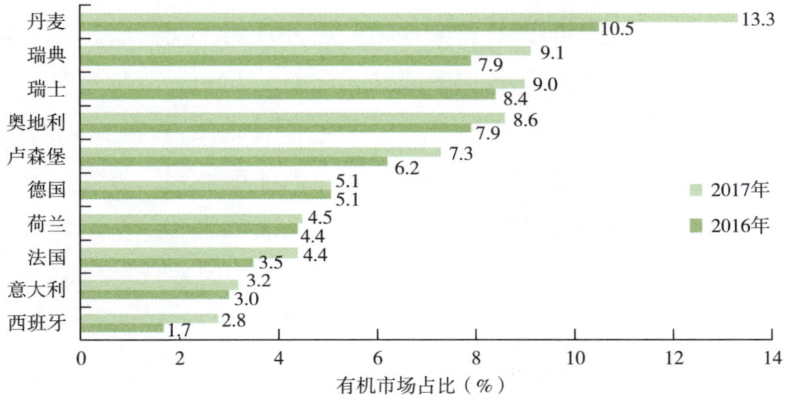

图8-23　2017年欧洲有机市场占比前十位的国家/地区

数据来源：2019年FiBL-AMI调查

注：丹麦修改了2016年的数字，高于之前用于交流的数字；瑞典2016年数据来自瑞典统计局，2017年数据来自Ecoweb，无法直接对比；卢森堡对有机市场数据股进行了修正，与之前用于交流的有所不同

8.2.6.5 单一产品与市场整体的比较

虽然有机产品整体的市场总份额是一个重要的指标，但同样重要的是单一有机产品或类别的市场份额。

在许多国家，有机鸡蛋是零售市场的成功案例之一，它们在整个鸡蛋市场中占据了令人印象深刻的比例。在丹麦和法国，鸡蛋的有机市场份额高达约30%。

有机水果和蔬菜在欧洲的有机消费者中仍然非常受欢迎。有机蔬菜在市场中的份额仅次于鸡蛋，占瑞士、奥地利、丹麦和瑞典等国所有蔬菜销售额的10%或以上。例如，仅新鲜胡萝卜或新鲜南瓜在德国就占有近30%的市场份额。

在瑞典和瑞士，有机乳制品占有机市场份额达到10%或更高。在丹麦，有机牛奶占到有机市场份额的30%。

个别产品可以达到更高的市场份额。有机燕麦片（丹麦超过52%）或有机面包涂酱

（德国59%）就是很好的例子。

另一方面，有机饮料（葡萄酒除外）和肉类（尤其是家禽）等产品在许多国家的市场份额很低。在传统市场中，这些产品通常都经过过度加工且价格非常便宜。另一个因素还在于，许多有机食品消费者倾向于少吃肉或不吃肉。

8.2.6.6 有机农业的营销渠道

现在，一些国家有能力通过营销渠道来提供他们的零售额的详细分析数据。而且有些国家甚至还可以通过产品和营销渠道来提供细分数据。一些国家提供了餐饮销售数据，还有一些国家提供了他们的直接影响和箱式服务计划。我们已在尽可能的情况下将餐饮销售额的数据从总体有机市场数据中删除。

图8-24表明不同国家的零售销售渠道（不包括餐饮服务/膳食）的重要性有所不同。过去，对于一般零售业表现较为强势的国家（例如奥地利、丹麦、瑞典、瑞士和英国）而言，他们的有机市场也会表现出稳定增长。法国和意大利是市场增长强劲的国家的典范，并且即便专业零售商的重要性不断下降，他们依然在这些国家发挥着非常重要的作用。

在德国，市场进入了一个过渡期。超市已经成为市场的驱动力，而专业零售商却面临着越来越多的竞争。2014年，33%的有机产品在有机食品商店销售，而2017年这一数字下降到了29%。2017年，60%的德国有机食品均由普通零售商销售。

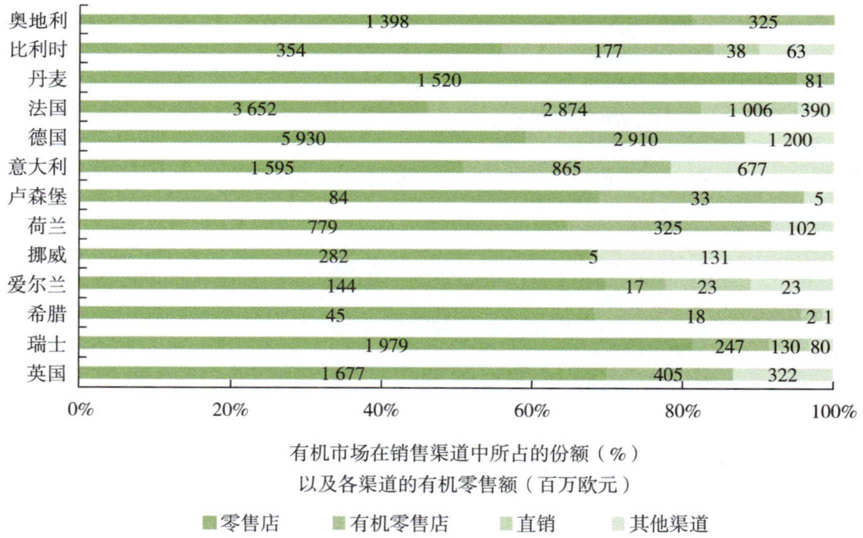

图8-24 2017年欧洲部分国家有机产品的销售渠道

数据来源：2019年FiBL-AMI调查

8.2.7 结　论

当前欧洲及全球有机农业和市场相关的可用数据表明，欧洲有机产业在国际环境下处于良好的发展状态。相对较高的农地占比与面积、运营商数量的持续增长，以及市场的快速增长，均表明了欧洲市场发展的卓越动力。

对许多国家来说，有机市场的增长速度快于生产，国内供应无法满足需求。因此，许多有机产品组织和市场参与者纷纷呼吁更多的农民转向有机生产。

数据分析显示，欧洲各国之间仍存在较大差异。尽管中欧和东欧一些国家的有机农业用地的占比已达到较高水平，而且消费性开支也在持续增长，但是就食品的总体开支而言，其比率还是相对较低。

另一个的问题就是数据的质量。比如说，在与欧盟和外部合作伙伴进行贸易的过程中，进口和出口贸易发挥着非常重要的作用，但是几乎没有相关数据保留下来。丹麦是唯一一个按原产地/目的地和产品分类来提供国际贸易数据的欧洲国家。进出口额是提高有机市场透明度的重要数据。目前，无法将生产数据与国际贸易数据进行比较，两个数据的对比可能对潜在的欺诈案件提供重要线索。

此外，虽然欧洲国家的国内市场数据可用性正逐渐提高，但是相关数据的采集方式仍然十分广泛不同，而且从严格意义上来说，通过这些方式所收集的数据不具备精确的可比性。对于许多国家来说，特别是中欧和东欧，零售销售数据并没有连续收集，因此对有机产品销售的重要性知之甚少。

因此，我们建议提高数据的可用性和可获取性，协调数据，尤其是有机市场数据的分类、术语和定义，并提高数据的质量（Willer和Schaack，2014）。

8.2.8 鸣　谢

本章节以“欧盟研究、技术开发及示范活动第七框架”建立的有机数据网络项目（OrganicDataNetwork）[①]所收集的数据为基础，该项目已于2014年结束。根据这一项目，我们首次收集到了所有欧洲国家详细的有机市场数据。在此，本作者向所有为本报告中所示数据做出贡献的人员，尤其是“有机数据网”项目的合作人员表示衷心的感谢。

① OrganicDataNetwork项目根据第289376号赠款协议获得了欧洲联盟第七项研究、技术发展和示范框架方案的资助

资料收集须知

欧洲的数据收集同世界其他地方一样，是利用多种信息源进行的。然而，我们要指出，欧盟统计局（European Union statistical office of the European Union），正在不断扩大其在有机农业领域的数据收集工作，有关有机地区、牲畜和经营者的大部分数据都来自欧盟统计局。欧盟统计局的有机农业统计数据可查询：

ec.europa.eu/eurostat/web/agriculture > Database > Organic farming

ec.europa.eu/eurostat/statistics-explained/index.php/Organic_farming_statistics

参考文献和扩展资料

Bio Suisse. 2006. Die organisch-biologische Richtung. Dossier Nr. 416 Bio Suisse vom 18. April 2006[OL]. the LID website at https://www.lid.ch/medien/dossier/detail/info/artikel/2-die-organisch-biologische-richtung/

Council of the European Union. 2007. Council Regulation（EC）No 834/2007 of 28 June 2007 on organic production and labelling of organic products and repealing Regulation（EEC）No 2092/91 OJ L 189，20.7.2007，p.1–23[EB/OL]. http://data.europa.eu/eli/reg/2007/834/oj

ECORYS. 2017. Modernising and Simplifying the Common Agricultural Policy：Summary of the results of the public consultation for European Commission DG AGRI，07 July 2017，revised 06 September [EB/OL]. ec.europa.eu/agriculture/sites/agriculture/files/consultations/cap-modernising/summary-public-consul.pdf

European Parliament and the Council. 2018. Regulation（EU）2018/848 of the European Parliament and of the Council of 30 May 2018 on organic production and labelling of organic products and repealing Council Regulation（EC）No 834/2007. OJ L 150，14.6.2018，p.1–92[EB/OL]. https://eur-lex.europa.eu/eli/reg/2018/848/oj

European Commission. 2017. The Future of Food and Farming - Communication from the Commission to the European Parliament，the Council，the European Economic and Social Committee and the Committee of the Regions - The Future of food and farming，COM（2017）0713 final[EB/OL]. http://eur-lex.europa.eu/legal-content/EN/ALL/?uri=COM:2017:713:FIN

European Commission. 2017. Reflection Paper on the Future of EU Finances，COM（2017）358[EB/OL]. ec.europa.eu/commission/sites/beta-political/files/reflection-paper-eu-finances_en.pdf

European Commission. 2019. Future of the common agricultural policy[EB/OL]. https://ec.europa.eu/info/food-farming-fisheries/key-policies/common-agricultural-policy/future-cap_en

Eurostat. 2018. Data tables organic agriculture[EB/OL]. The Eurostat website eurostat. ec. europa. eu Eurostat，Luxembourg. http://ec. europa. eu/eurostat/data/database

Eurostat. 2016. Organic crop area on the rise in the EU[EB/OL]. Eurostat News release of October 25，2016. http://ec. europa. eu/eurostat/documents/2995521/7709498/5-25102016-BP-EN. pdf

IFOAM EU. 2018. The New Organic Regulation. What will change?[EB/OL]. Press release of June 15，2018 of IFOAM EU，Brussels. https://www.ifoam-eu.org/en/news/2018/06/15/new-eu-organic-regulation-what-will-change

IFOAM EU. 2018. Organic Movement asks for higher environmental ambition in nes CAP[R]. Press release of IFOAM EU of June 1，2018，Brussels

Lockeretz，Willi. 2007. Organic Farming：An International History[M]. CABI，Wallingford，2007

Meredith S.，Willer H. 2016. Organic in Europe 2016[M]. IFOAM EU，Brussels

Paull John. 2011. Attending the First Organic Agriculture Course：Rudolf Steiner's Agriculture Course at Koberwitz，1924[J/OL]. *European Journal of Social Sciences*，21（1）. https://core.ac.uk/download/pdf/10930856.pdf

Stolze M.，Sanders J.，Kasperczyk N.，Madsen G. 2016. CAP 2014-2020：Organic farming and the prospects for stimulating public goods[M]. IFOAM EU Group，Brussels. https://www.ifoam-eu.org/en/news/2018/06/01/press-release-organic-movement-asks-higher-environmental-ambition-new-cap

TIPI – Technology Platform of IFOAM - Organics International. 2017. Science Day 2017 at BIOFACH[EB/OL]. The website of the Research Institute of Organic Agriculture，Frick. http://www.fibl.org/en/service-en/news-archive/news/article/report-from-science-day-2017-at-biofach.html

Vogt Gunter. 2001. Geschichte des ökologischen Landbaus im deutschsprachigen Raum [History of organic agriculture in the German-speaking region][J]. *Ökologie & Landbau*，118（2）：47-49. http://orgprints.org/1110/

Willer H.，Schaack D. 2014. Final report on compilation of key organic market data[R]. Research Institute of Organic Agriculture（FiBL），Frick，Switzerland

参考网站

ec.europa.eu/agriculture/future-cap_en：European Commission on the CAP reform
ec.europa.eu/agriculture/organic：European Commission's organic farming website
ifoam-eu.org：International Federation of Organic Agriculture Movements EU IFOAM EU
organic-market.info：Market News and updates：www.organic-market.info
tipi.ifoam.org：Technology Innovation Platform of IFOAM（TIPI）
tporganics.eu：European Technology Platform TP Organics

9 拉丁美洲和加勒比海地区有机农业现状①

9.1 概　述

据相关报告数据来看，2017年拉丁美洲和加勒比海地区有机生产区域的面积有800万公顷，占该地区农业用地总面积的1.1%。同时，该地区有机农地面积占世界上有机农地总面积的11%。经过6年的下降后，该地区有机农业生产区域面积继续增长，报告时的数量超过了2016年的50万公顷。这种增长可归因于阿根廷和乌拉圭的草地/牧区面积的大幅增加（二者均超过20万公顷）。自2000年以来，有机农地面积翻了一番（超过400万公顷）。有机农地面积最大的国家是阿根廷，面积为340万公顷（图9-1）。墨西哥作为有机生产者数量最多的国家，有机农地面积超过21万公顷。乌拉圭有机农地总面积占农业用地总面积的比例高达13%，紧随其后的是法属圭亚那，占10%（图9-2）。

① 本章作者：Julia Lernoud、Helga Willer和Bernhard Schlatter；翻译：姚蕾；作图：赵惠娟

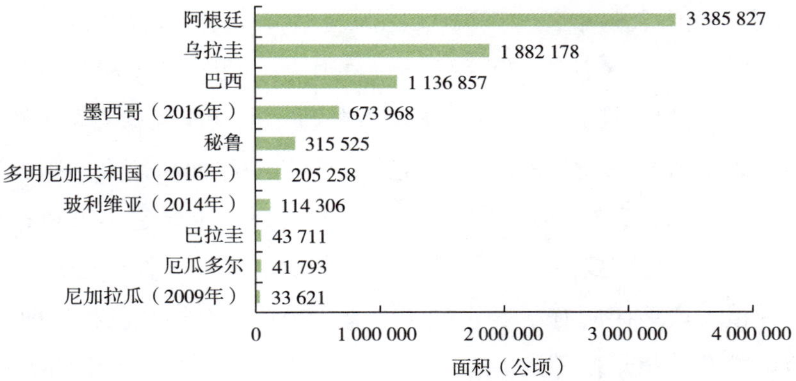

图9-1　2017年拉丁美洲和加勒比海地区有机农地面积位列前十位的国家/地区

数据来源：2019年FiBL调查

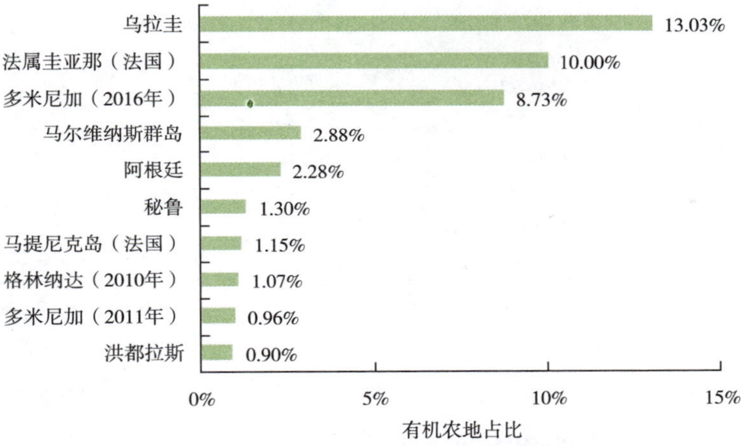

图9-2　2017年拉丁美洲和加勒比海地区有机农业占比位列前十位的国家/地区

数据来源：2019年FiBL调查

9.2　土地利用

2000—2017年拉丁美洲和加勒比海地区有机农地发展情况见图9-3。在该地区所有的有机农地中，我们已获得了其中80%的有机农地土地利用类型的详细信息（图9-4）。2017年，仅有6%的有机农田被用于季节性耕种作物（近44.6万公顷）；同时，几乎有近61%的土地被草地/牧区所覆盖（490万公顷）。多年生作物种植面积近98万公顷（占该地区有机农地面积的12%），另外，21%农地的利用类型尚不明确。

就多年生草地/牧区而言，阿根廷（近300万公顷）、乌拉圭（近190万公顷）和马尔维纳斯群岛（近3.2万公顷）是该区域面积是最大的国家。在拉丁美洲和加勒比海地区，主要的有机季节性作物是谷物，其面积近15.4万公顷，占该地区有机季节性作物用地面积的34%，占该地区谷物总面积的0.3%。此外，谷物种植面积最大的国家是玻利维亚（8.7万公顷，主要是藜麦和苋菜）、墨西哥（4万公顷，主要是小麦和谷物玉米）和阿根廷（超过1.8万公顷，主要是小麦）。整个地区的主要有机谷物是藜麦（约8.7万公顷），其有机种植占该地区所有藜麦的53%以上。2017年有机甘蔗种植面积超过6.7万公顷，占该地区甘蔗种植总面积的0.5%，而且有机甘蔗的主要生产国是巴拉圭（超过4.1万公顷）和阿根廷（近1.4公顷）。

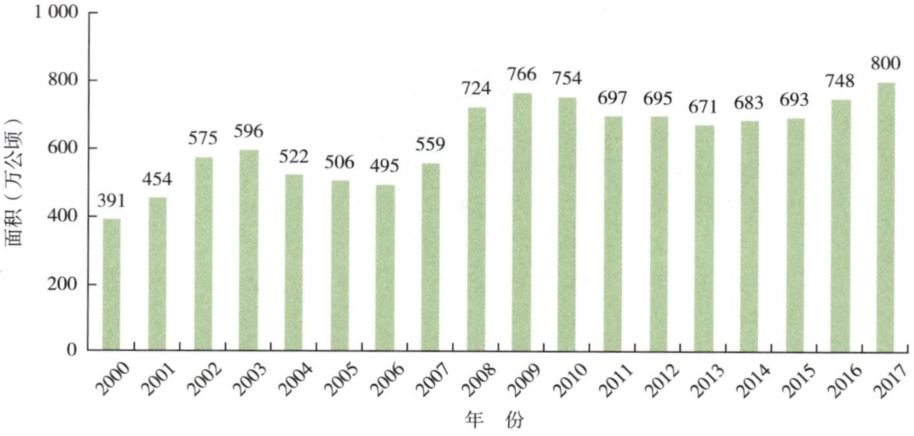

图9-3 2000—2017年拉丁美洲和加勒比海地区有机农地发展情况

数据来源：2000—2019年FiBL-IFOAM-SOEL调查

在拉丁美洲和加勒比海地区，主要的有机多年生作物是咖啡（近42.2万公顷）、可可豆（超过23万公顷）、热带和亚热带水果（近18.7万公顷）。该地区产的有机咖啡占咖啡总面积的8%，占世界有机咖啡的47%。拥有最大有机咖啡种植区的国家是墨西哥（23.1万公顷）、秘鲁（11万公顷）和洪都拉斯（23.5万公顷）。此外，拉丁美洲的有机可可豆种植面积所占比例为12.5%，且占全球有机可可豆总面积中的比例超过60%，而且拉丁美洲的一些国家还是世界上有机可可豆种植面积最大的国家。多米尼加是迄今为止有机可可豆的种植面积最大的国家，面积为15.9万公顷，其次是秘鲁（近25.6万公顷）和厄瓜多尔（超过1.5万公顷）。另外，有机香蕉和鳄梨是该地区种植的主要热带水果（种植面积近5万公顷），有机香蕉种植面积占该区域香蕉种植总面积4.1%，有机鳄梨种植面积占该区域鳄梨种植总面积的14.3%。有机香蕉种植面积最大的国家是多米尼加（近2.2公顷）和厄瓜多尔（超过1.4公顷）；这两个国家有机香蕉的种植面积在该地区有机香蕉种植总面积中的所占比例超过1/4。

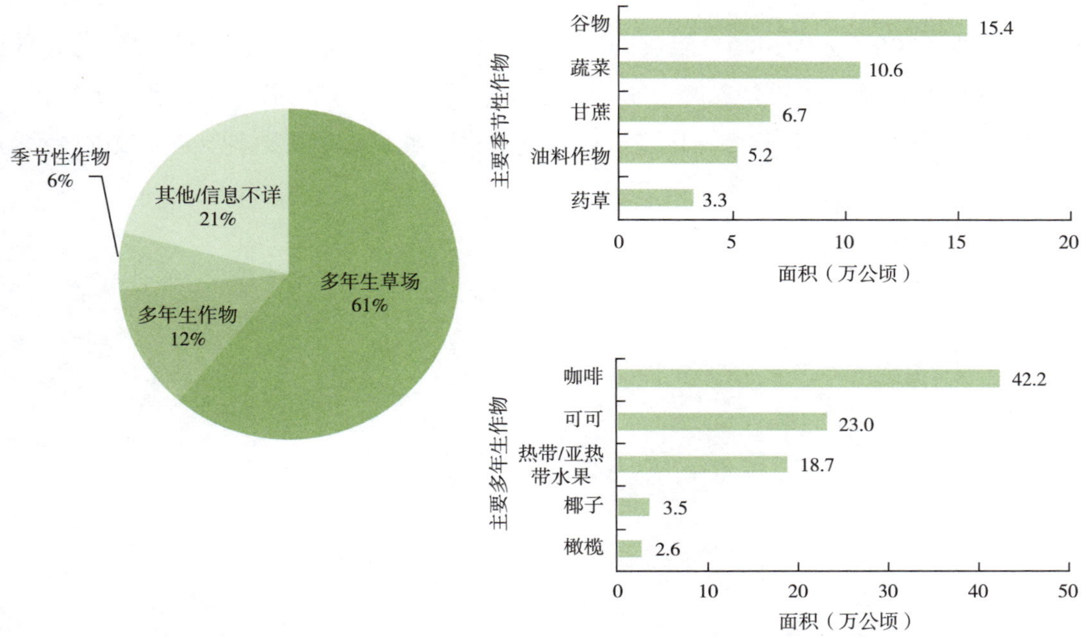

图9–4　2017年拉丁美洲和加勒比海地区有机农业用地情况

数据来源：2019年FiBL调查

9.3　生产者

2017年，拉丁美洲和加勒比海地区的有机生产者数量达到近46万人。有机生产者数量最多的国家是墨西哥（21万人），秘鲁（超过8.7万人）和巴拉圭（超过5.8万人）。由于许多国家仅提供了农场企业/公司的数量，因此我们可以推测实际生产者数量应该更多。

9.4　野生采集

在拉丁美洲和加勒比海地区，有近420万公顷的有机野生采集区，有机野生采集起着重要的作用。该地区的野生采集区域主要用于收集野生水果（120万公顷）、野生坚果（超过90万公顷）、野生浆果（9.3万公顷）、棕榈树（近6.8万公顷）和蔷薇果（6万多公顷）。此外，养蜂区面积近42万公顷，占该地区有机野生采集区面积近10%。该地区拥有最大有机野生采集区面积的国家是墨西哥（近130万公顷，主要是野生水果）、巴西（120万公顷，2011年数据）、玻利维亚（90万公顷，2014年数据）和阿根廷（超过30万公顷，主要是养蜂业）。由于未获得其他多个国家野生采集区域面积的相关信息，因此我们可以推测该区域有机野生采集区域的总面积要多于当前数据所示的面积。

10 北美洲有机农业现状①

10.1 概 述

2017年北美洲的有机农业用地为320万公顷（图10-1），占农业用地总面积的0.8%。有机种植面积从2000年的100万公顷增加了两倍，占全球有机农业用地的5%。2016—2017年，该面积增加了近9.3万公顷或3%。加拿大近1.8%的农田是有机农田，美国的份额是0.6%（图10-2）。北美洲共有1.9万个生产者，他们中的大多数来自美国（约75%）。

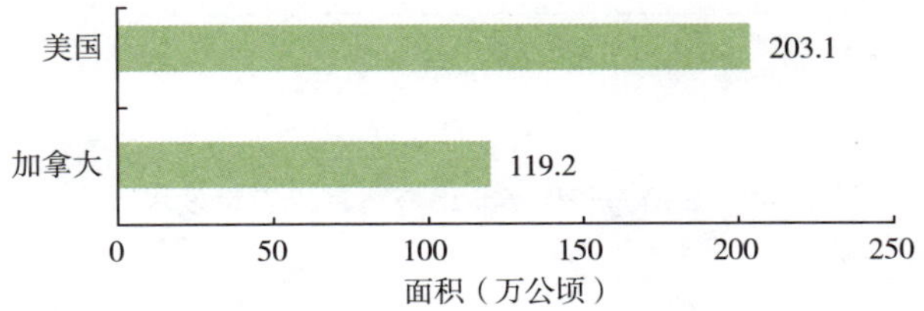

图10-1 2017年北美洲美国和加拿大有机农地面积

数据来源：COTA和USDA

---

① 本章作者：Julia Lernoud、Helga Willer和Bernhard Schlatter；翻译：倪一丹；作图：赵惠娟

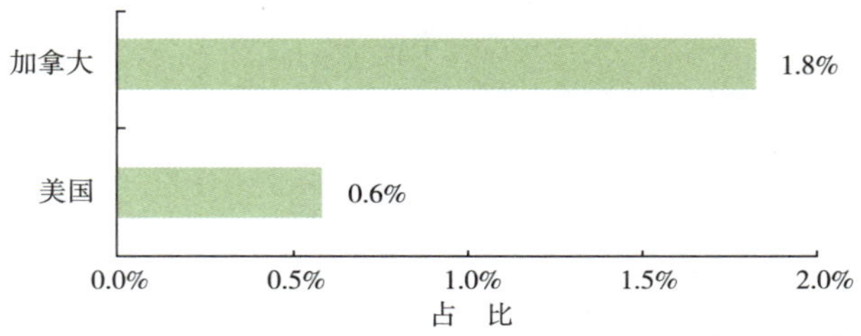

图10-2 2017年北美洲美国和加拿大有机农地占有率

数据来源：COTA和USDA

10.2 土地使用

2000—2017年北美洲有机农地发展情况见图10-3。北美洲几乎所有的有机农业用地的土地利用详细信息均可获得（图10-4）。2017年，只有2%的有机农田用于多年生作物（近10.4万公顷），而近44%用于种植季节性作物（超过140万公顷），43%（超过140万公顷）用于草地/放牧。美国拥有最大的草原/牧区面积，约93.3万公顷，加拿大则超过46.8公顷。

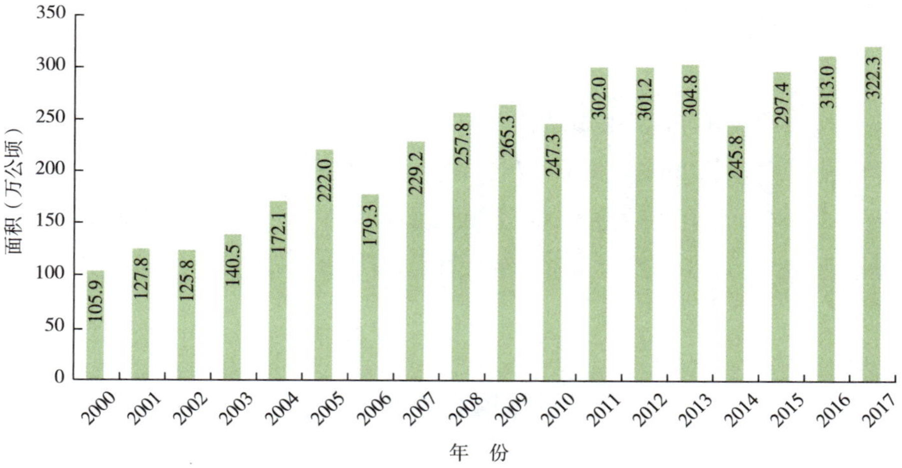

图10-3 2000—2017年北美洲有机农地发展情况

数据来源：COTA和USDA

主要的有机季节性作物是谷物，面积近54.6万公顷，占该地区有机耕地面积的近39%，占该地区谷物总种植面积的0.8%。在美国，种植了超过28.1万公顷的有机谷物，加拿大种植了近26.45万公顷。该地区的主要有机谷物是小麦（超过15.4万公顷），占该地区小麦总种植面积的0.6%。2017年有机蔬菜种植面积为7万公顷，占该地区蔬菜总量的7.5%，其中绿叶蔬菜（近2.5公顷）和水果蔬菜（超过1.5万公顷）是主要种植的蔬菜。

北美洲主要的有机多年生作物是温带水果（近1.3万公顷）、葡萄（近1.2万公顷）和坚果（近9 000公顷）。有机温带水果占该地区温带水果总种植面积的4.1%。主要的温带水果有苹果、樱桃和桃。主要的有机浆果是蓝莓（超过6 000公顷，占该地区蓝莓种植总面积的6.8%）和蔓越莓（647公顷，占该地区蔓越莓种植总面积的2.7%）。

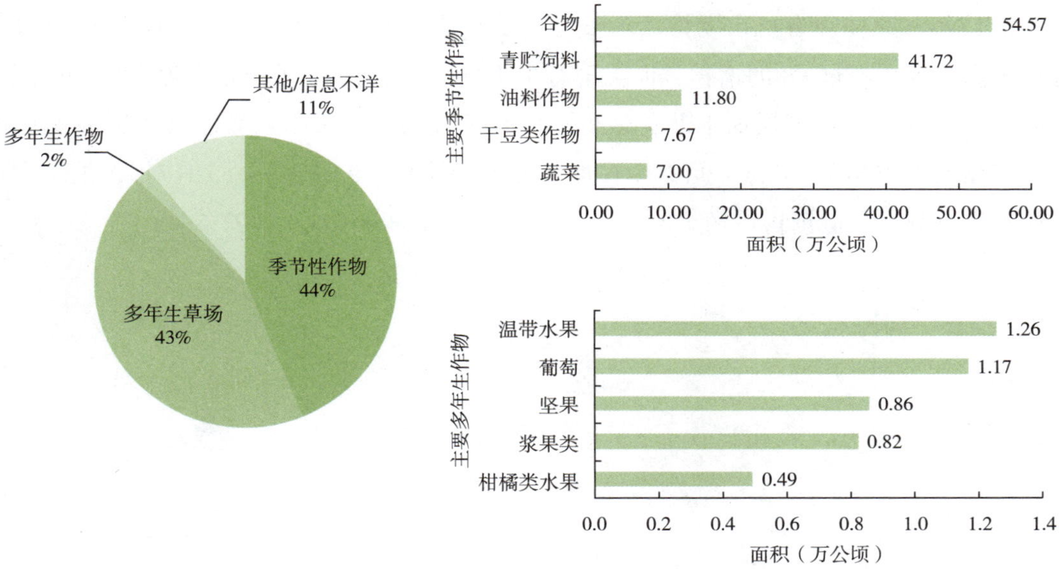

图10–4　2017年北美洲有机农地用途和作物信息

数据来源：COTA和USDA

10.3　生产者

据报道，2017年，北美洲有1.9万个有机生产者。美国是拥有有机生产者最多的国家，超过1.4万个，而加拿大报告的有机生产者超过4 800个。与2004年的1.1万个有机生产者相比，这一数字增加了72%①。

① 英文原版中为66%，在此勘误，修改为72%

10.4 野生采集

遗憾的是，除了300多种野生蓝莓外，我们并没有获得美国野生采集区域方面的信息，因此可以假设该地区的野生采集面积远大于目前加拿大报告的8.4万公顷。在加拿大，有近7.7万公顷的枫树，这是该国的一种主要商品。

10.5 市　场

2017年，北美洲有机市场持续增长，贸易额达到了485.8亿美元。2017年，加拿大有机市场实现了超过9%的增长，而美国有机市场增长了6%。美国是世界上最大的国家层面有机市场，而地区层面上北美洲也依旧是最大的有机市场区域。2017年，美国的有机产品人均支出为137.8美元，而在加拿大人均消费为93.8美元。2017年，加拿大报告的零售总额中有机销售份额为2.6%，而在美国，有机销售份额为5.5%。

11 大洋洲有机农业现状①

11.1 概 述

2017年，大洋洲有机农业用地面积为3 590万公顷，占该地区农业总面积的8.5%。世界上有一半的有机农业用地位于大洋洲。自2000年以来，有机生产面积增加了5倍（530万公顷）。2016年至2017年，大洋洲的面积增加了850多万公顷，涨幅超过31%，这主要归功于澳大利亚有机农业面积的大量增长。然而，其他国家，如萨摩亚（超过43 000公顷，近68%）和瓦努阿图（超过3 000公顷，增长26.2%）也实现了重要的增长。有机农业面积最大的国家是澳大利亚，面积为3 560万公顷（图11-1）。占萨摩亚农业总面积的最高有机部分，占有机耕种面积的37.6%，其次是澳大利亚，占8.8%（图11-2）。2000—2017年大洋洲有机农地发展情况见图11-3。

① 本章作者：Julia Lernoud、Helga Willer和Bernhard Schlatter；翻译：姚蕾；作图：赵惠娟

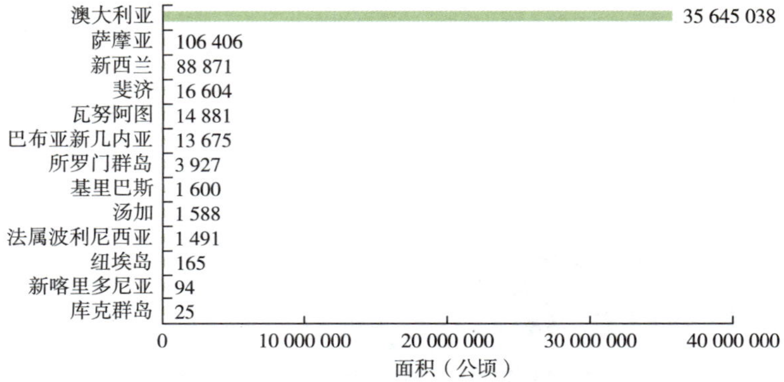

图11-1　2017年大洋洲国家/地区有机农地面积

数据来源：2019年FiBL调查

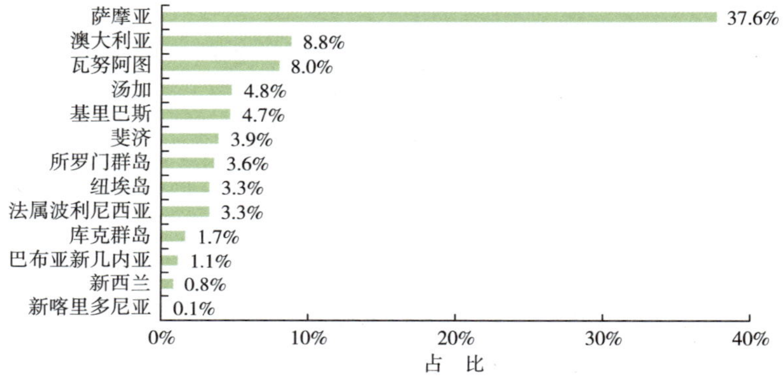

图11-2　2017年大洋洲国家/地区有机农地占比

数据来源：2019年FiBL调查

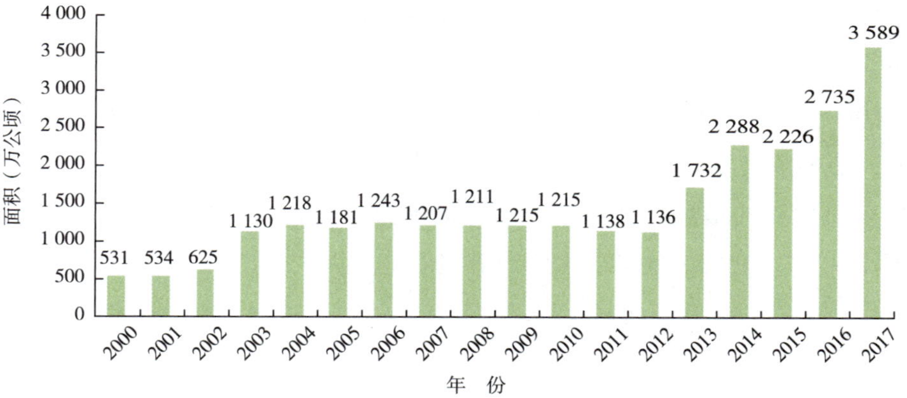

图11-3　2000—2017年大洋洲有机农地发展情况

数据来源：2000—2019年FiBL-IFOAM-SOEL调查

11.2 土地利用

据估计，2017年，大洋洲有机农田中近97%为草原/放牧区（3 490万公顷，主要在澳大利亚）。作为澳大利亚面积最大的国家，澳大利亚的土地利用情况暂时无法获得，但是我们已经得到了其他国家的相关数据。根据现有数据，我们可以假设多年生作物在太平洋地区发挥着重要作用。椰子是太平洋群岛中种植面积最大的商品（近13.5万公顷，占该地区椰子种植总面积的25%），主要用于椰油生产。此外，咖啡的种植量也非常大（近1.4万公顷，占该地区咖啡总量的25%）。

11.3 生产者

该地区有近2.7万个有机生产者，主要集中在巴布亚新几内亚（近1.3万个生产者）、瓦努阿图（超过3 800个生产者）和萨摩亚（超过2 000个生产者）。自2006年以来越来越多的国家提供了相关数据，这使得大洋洲生产者的统计数量增加了两倍多。

11.4 市　场

2017年，该地区的市场销售额总值接近14.7亿美元。澳大利亚报告的市场销售额为12.4亿美元，新西兰的市场销售额则为1.75亿美元。目前，我们尚未获得该区域其他国家的相关数据。

另外，澳大利亚的年人均有机消费额为53.1美元，而新西兰则为37.3美元。

12 全球有机路上的里程碑①

12.1 有机农业发展各阶段的目标

IFOAM国际有机联盟通过有机农业促进真正可持续的食品生产系统。我们的战略基于有机3.0的概念，旨在将有机和农业作为一个整体推向可持续性的下一阶段。因此，它可以服务于许多可持续发展目标（SGDs）。

根据IFOAM国际有机联盟的定义，有机1.0为有机先驱们完成的行业创始工作，而有机2.0则指有机运动的形成、标准的编纂和从业者根据自己或公共标准的自愿认证。在有机1.0和有机2.0的基础上，我们进入了有机3.0的新时代。在前两个时代里，IFOAM国际有机联盟诞生了，同时它也很荣幸地见证了那些推动整个行业进入新时代的里程碑事件。

尽管取得了这些成就，但仍有很多工作需要完成。即使行业增长速度惊人，有机农业和农业生态仍然只是全球农业的一小部分。同时，生物多样性正在减少；在粮食产

① 本章作者：Louise Luttikholt；翻译：徐颖

量充足的情况下饥饿却并未消除；气候变化正在影响着我们所有人。简而言之，人类正在挑战地球极限，而农业则是主要原因之一。

有机3.0时代，我们的任务是改善有机生产系统、增加从业人员、种植面积和消费者数量，并通过创造一个公平有利的环境、使整个农业走向更可持续的未来。因此，我们必须走出我们的舒适区。我们需要向那些没有接触过有机农业的人伸出手；我们需要以新的方式、清楚地谈论有机农业的积极贡献。我们应该建立新的伙伴关系，并对不同寻常的惊爆点格外留意。通过这种方式，让农业成为可持续发展解决方案的一部分。

在印度的锡金、奥地利、丹麦、列支敦士登、瑞士的部分地区（格里森）以及埃及的部分地区（赛姆农场），有机生产经历极大的发展，我们可以从这些地区的例子和经验中学习，并受到它们的启发。但是，如果我们想要有所作为，世界其他地区的政府必须迎头赶上、共同努力。

在倡导有机理念和扩增面积时，我们应以有机的基本原则作为指导。有机理念应该植入当地的环境和文化，因此不能简单地“扩大规模（Scale up）”——这正是化学农业的失败之处。由于农民需要在不同的环境中应用有机原则，所以对有机原则的坚持和扩展（Scale out），才是传播有机的方法。

作为一份关于有机行业统计数据和新兴趋势的出版物，本书是推动有机产业发展的有效工具。良好的数据是任何国家制定有机战略的基础。基于参与者数量的精确数据使政策制定者能够更好地规划所需支持的类型和数量。而对于那些活跃在市场中的人来说，有关市场份额和潜在增长的数据可以指导业务决策。书中20年的数据来源部门的增多证明了有机农业的潜力。

2020年有机世界大会的筹备工作正在进行中，标题为“植根于斯，有机激发生命”。它将把全球有机产业带回法国——1972年IFOAM国际有机联盟的诞生地。我们邀请您在2019年提交您的意见书，为讨论和思考有机事业提供帮助。我们希望这个有机世界大会可以成为在全球范围内采用有机农业原则实践的转折点。

12.2 IFOAM国际有机联盟的里程碑事件

IFOAM国际有机联盟的里程碑事件详见表12-1。

表12-1 IFOAM国际有机联盟的里程碑事件

年份	事件
1972	IFOAM国际有机联盟（以下简称IFOAM）成立于法国凡尔赛，注册为FIMAB（国际农业联合会的简称）；由Nature et Progrès提供办公室
1973	IFOAM的第一封“通函”问世。到1976年年底，共出版了19份刊物
1974	在IFOAM第二届大会上，成员们在巴黎的Nature et Progrès会议上相聚
1975	位于巴黎南部Sainte-Geneviève-des-Bois的Nature et Progrès将继续对位于法国布列塔尼的LaFuillillée秘书处负责
1976	IFOAM第三届大会在瑞士Seengen（80名成员）举行，决定为有机农业定义国际标准，语言仅使用英语
1977	IFOAM办公室搬迁至瑞士巴塞尔附近的Oberwil，由有机农业研究所FiBL提供
1977	第一届IFOAM国际学术会议“迈向可持续农业”在瑞士的Sissach举办
1978	IFOAM将办事处迁至美国马萨诸塞州的托普斯菲尔德
1980	两年一度的IFOAM大会在布鲁塞尔通过了第一版《生物农业国际标准建议》
1982	IFOAM的标准建议更新为《国际贸易和国家标准的生物农业标准》，有效期限为两年
1982	IFOAM总部迁至法国南部的格拉斯。由于有更好的财政支持，专业秘书处于1987年成立
1984	IFOAM的成员数量超过100个组织
1986	IFOAM在联合国信息处荣获观察员身份
1986	欧盟委员会开始致力于有机食品生产的监管，IFOAM与其互成辅助
1987	IFOAM聘请了第一位执行董事，办公室搬到了德国的Tholey-Theley
1990	第一届Biofach有机博览会举行，IFOAM与Biofach之间的长期合作关系开始
1991	关于有机生产的理事会条例（EEC）2092/91于1993年生效，IFOAM对其大力支持
1991	食品法典委员会是粮农组织/世界卫生组织联合食品标准计划，IFOAM作为观察员组织积极参与，开始制定有机食品生产、加工、标签和营销指南
1992	IFOAM影响了里约热内卢的联合国环境与发展会议
1996	IFOAM参加了世界粮农组织（FAO）组织的第一届世界粮食首脑会议；一年后，IFOAM被正式确认为有机运动的全球代表
1997	IFOAM成立了国际有机认证服务机构（IOAS）
1999	食品法典委员会批准了有机生产的第一个植物生产指南，其受到IFOAM基本标准和有机生产理事会条例（EEC）2092/91的显着影响
2001	食品法典委员会批准了第一个有机食品生产指南，其受到IFOAM基本标准和欧盟有机牲畜法规1804/99的影响

（续表）

年　份	事　件
2002	IFOAM与世界粮农组织和贸发会议举办国际有机保障体系会议
2003	IFOAM将办事处迁至德国联邦城市波恩
2005	联合国大会制定有机农业原则：健康，生态，公平和关怀
2007	IFOAM反对以印度楝树种子提取杀菌剂的技术作为专利注册，并取得成功
2008	联合国大会批准了有机农业的定义
2016	可持续有机农业行动网络（SOAAN）制定了最佳实践指南，全球有机运动讨论了Organic 3.0

注：本表由IFOAM国际有机联盟的Louise Luttikholt，FNAB的Anton Pinschoff，以及FiBL的Otto Schmid编写

12.3 IFOAM国际有机联盟举办的世界有机大会

IFOAM国际有机联盟成立以来举办的各个世界有机大会详情见表12-2。

表12-2 IFOAM国际有机联盟举办的世界有机大会

年　份	举办地	主　题	进　程
1977	瑞士 锡萨赫	迈向可持续农业	第一届IFOAM国际学术大会（第四届IFOAM大会）
1978	加拿大 蒙特利尔	生态农业的基本技术	第二届IFOAM国际学术大会（第五届IFOAM大会）
1980	比利时 布鲁塞尔	保持土壤肥力	第三届IFOAM国际学术大会（第六届IFOAM大会）
1982	美国 波士顿	关于农业生态学和可持续农业系统的全球观点	第四届IFOAM国际学术大会（第七届IFOAM大会）
1984	德国 维岑豪森	生物农业在世界资源日益减少状况下的重要性	第五届IFOAM国际学术大会（第八届IFOAM大会）
1986	美国 圣克鲁斯	关于农业生态学和可持续农业系统的全球观点	第六届IFOAM国际学术大会（第九届IFOAM大会）
1988	布基纳法索 瓦加杜古	农业替代品和营养自给自足	第七届IFOAM国际学术大会（第十届IFOAM大会）

（续表）

年 份	举办地	主 题	进 程
1990	匈牙利 布达佩斯	有机农业的社会经济学	第八届IFOAM国际学术大会（第十一届IFOAM大会）
1992	巴西 圣保罗	良好发展和环境可持续发展的关键	第九届IFOAM国际学术大会（第十二届IFOAM大会）
1994	新西兰 基督城	以人为本生态农业	第十届IFOAM国际学术大会（第十三届IFOAM大会）
1996	丹麦 哥本哈根	脚踏实地—面向远方	第十一届IFOAM国际学术大会（第十四届IFOAM大会）
1998	阿根廷 马德普拉塔	有机农业——21世纪的可行解决方案	第十二届IFOAM国际学术大会（第十五届IFOAM大会）
2000	瑞士 巴塞尔	世界滋生有机	第十三届IFOAM国际学术大会（第十六届IFOAM大会）
2002	加拿大 维多利亚	栽培社区	第十四届IFOAM国际学术大会（第十七届IFOAM大会）
2005	澳大利亚 阿德莱德	塑造可持续系统	第十五届IFOAM世界有机大会（第十八届IFOAM大会） 第一届ISOFAR学术会议在第十五届有机世界大会上举行
2008	意大利 莫纳德	培育未来	第十六届IFOAM世界有机大会（第十九届IFOAM大会） 第二届ISOFAR学术会议在第十六届世界有机大会上举行
2011	韩国 京畿道	有机即生活	第十七届IFOAM世界有机大会（第二十届IFOAM大会） 第三届ISOFAR学术会议在第十七届世界有机大会上举行 进程可参阅www.isofar.org
2014	土耳其 伊斯坦布尔	建立有机桥梁	第十八届IFOAM世界有机大会（第二十一届IFOAM大会） 第四届ISOFAR学术会议在第十八届世界有机大会上举行
2017	印度 新德里	有机印度走向有机世界	第十九届IFOAM世界有机大会（第二十二届IFOAM大会） 第五届ISOFAR学术会议在第十九届世界有机大会上举行

注：本表由Urs Niggli和Helga Willer编写

13 2017年中国有机产业发展概况①

13.1 概 述

中国有机农业起步于20世纪90年代，最早是境外认证机构和国内民间机构开展有机认证工作，多数产品认证以出口为主，发展较为初步。2003年以后，随着《中华人民共和国认证认可条例》的颁布实施，有机食品认证工作划归中国国家认证认可监督管理委员会（简称国家认监委）（2018年归国家市场监督管理总局）统一管理，2005年4月1日颁布《有机产品》（GB/T 19630）标准，《有机产品认证管理办法》（国家质检总局155号令）、《有机产品认证实施规则》（CNCA-N-009：2014）等相配套的法律法规相继出台，有机认证工作逐步市场化，极大地促进了中国有机食品的发展，至此，中国有机农业经历了从无到有，从无序到有序，并快速增长的30年发展历程。

瑞士有机农业研究所（FiBL）的Helga Willer博士②曾问，为什么中国的有机数据

① 本章作者：乔玉辉、张友廷和孙继伟。由于《2019年世界有机农业概况与趋势预测》英文原作中对中国有机农业部分介绍不详尽，为方便读者比较研究国内外有机概况，故对中国部分做了增补

② 《2019年世界有机农业概况与趋势预测》原作的主要作者之一，长期进行世界有机行业数据的研究工作

统计的那么详细，甚至能够统计到每个产品。这源于我们启用了食品农产品认证信息系统，所有认证机构颁证完毕都要按照统一格式上报系统，企业在销售之前，必须向认证机构购买有机防伪码追溯标签，也需要上报该系统，每枚防伪码追溯标签对应了这个产品的名称、认证机构、生产企业、数量、产地等详细信息，正是基于这些信息，才方便统计出中国有机农业的详细信息。我们根据官方的中国食品农产品认证信息系统（http://food.cnca.cn）中关于有机认证的信息，统计分析了从2017年1月1日至2017年12月31日获得有效有机证书的所有认证企业及有机产品生产、销售概况，所涉及的有机产品生产区域是指中国境内的23个省、5个自治区、4个直辖市和2个特别行政区，同时还包括意大利、西班牙和奥地利等31个国家按照中国有机产品标准或境外有机标准在中国境内进行认证的有机产品生产区域。

13.2　认证机构

截至2018年12月31日，经国家认监委批准，具有有机产品认证资格的认证机构增加到了77家（不包括被注销或撤销的机构），其中部分获得了中国合格评定国家认可委员会（CNAS）的认可，排名前八位的省份占比近80%，其中北京就有26家机构，占比34%（图13-1）。截至2015年，国内仅有23家有机认证机构，之后随着国家放开审批权，大量机构获得有机认证资格，但是机构归机构，市场归市场，认证机构必然也经历一次市场的再洗牌。

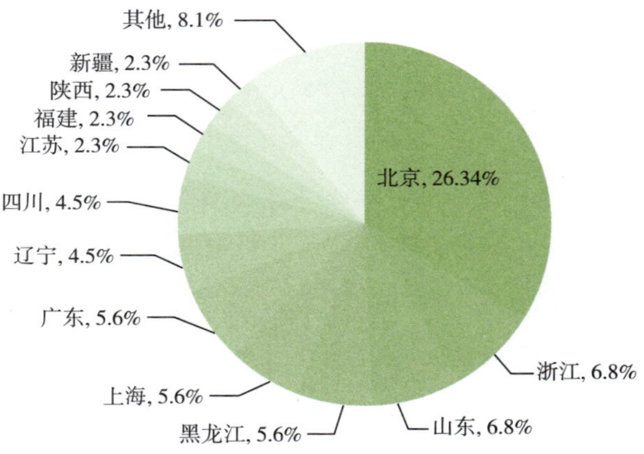

图13-1　全国有机认证机构分布情况

2017年，按照境外标准在中国境内开展认证工作的国际认证机构有法国ECOCERT、德国BCS、德国CERES、日本JONA、巴西IBD、意大利BAC和澳大利亚ACO共7家外资有机认证机构（本报告中的境外标准认证数据来自以上国际认证机构）。

13.3 有机产品生产概况

截至2017年12月31日，中国境内共有11 835家生产企业获得了中国标准的有机产品认证证书18 330张，在23个省、5个自治区、4个直辖市和2个特别行政区均有分布。

2017年，中国按照中国有机产品标准进行生产的有机植物生产面积428.3万公顷，分别包括有机（含转换）作物种植生产面积302.3万公顷，野生采集生产面积为126万公顷。有机植物总产量为1 329.7万吨，分别包括有机作物产量1 279.6万吨，野生采集产量50.1万吨。

2017年，中国有机作物种植面积排在前五位的省区分别是新疆维吾尔自治区（97.55万公顷）、黑龙江省（62.49万公顷）、内蒙古自治区（33.03万公顷）、辽宁省（17.95万公顷）和贵州省（12.87万公顷）。以上5个省区有机种植面积占全国有机种植面积的74%。

2017年，中国野生采集有机产品主要区域分布在中国的东北和西北地区。排在前五位的省区分别是黑龙江省（41.9万公顷）、内蒙古自治区（17.57万公顷）、四川省（7.26万公顷）、青海省（5.53万公顷）和云南省（3.64万公顷）。以上5个省区野生采集面积占全国野生采集面积的60%。

2017年，中国按照中国有机产品标准进行生产的有机家畜中，羊、牛、猪是主要的养殖家畜，有机羊约591万头，有机牛约121万头，有机猪约29万头。从产量上来看，有机家畜的总产量为27.6万吨，其中有机羊的产量为8.4万吨，有机牛的产量为12.0万吨，有机猪的产量为2.3万吨，有机鸡的产量为0.69万吨；其他马、驴和鸭鹅等动物的总生产量所占的比例较小。

2017年，中国有机水产品的总产量为53.38万吨，其中水生植物产品（主要是指海水生产的海带和紫菜等）为32.5万吨，占认证水产品总产量的60.9%；其次是鲜活鱼类（淡水鱼与海水鱼）4.89万吨，占9.26%。甲壳与无脊椎动物类产品有4.9万吨，占9.3%。水生脊椎类（鳖）的生产产量为1.48万吨，所占比例很小，只有2.7%。从转换期产品和有机产品的比例来看，水生植物产品中没有转换期产品，鲜活鱼类、甲壳与无脊椎动物和水生脊椎类（鳖）这3类的水生产品中转换期产品比例均为20%左右。

2017年有机加工产品总产量为668万吨。在总加工产品中，葡萄酒和果酒等发酵酒产量高达175万吨，占总有机加工产品总量的26.2%，谷物磨制位列第二，达139万吨，以大米（粉）（63.6万吨）和小麦（粉）（29.5万吨）为主，占20.8%；加工饲料排在第三位，达95万吨，占14.2%。上述3类产品占加工产品产量的61.28%。植物油加工副产品、其他乳制品、白酒和加工或保藏的蔬菜产量为10万～25万吨，所占比例1.5%～3.5%。植物油加工、面条等谷物粉制品、纺纱用其他天然纤维等产量低于10万吨，所占比例小于1.5%。

2017年，共有13家认证机构在31个国家进行了境外认证，颁发有机证书345张，认证了172家企业（图13-2）。获得证书数量最多的国家是意大利，其次是美国、奥地利、澳大利亚、西班牙、丹麦、德国和新西兰（图13-3）。中国有机产品境外认证总面积101.8万公顷，占中国标准认证总面积的18.8%，主要分布在奥地利、澳大利亚、意大利和丹麦；境外生产的有机产品总产量607.8万吨，占中国标准认证总量的22.6%；其中制糖植物产量为358.6万吨，占境外有机产品总量的59%，酒类产量为172.4万吨，占境外有机产品总量的28.4%。

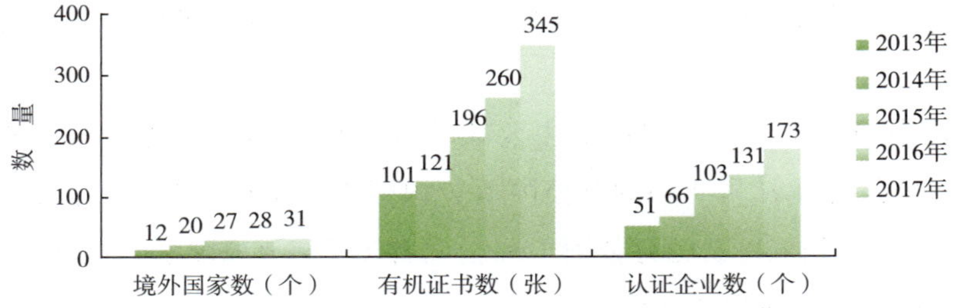

图13-2　2013—2017年境外认证国标有机产品的国家、证书及企业数量比较

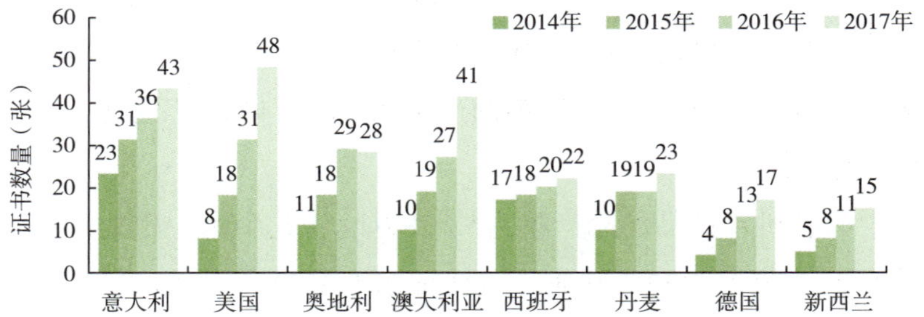

图13-3　2014—2017年境外主要国家颁发证书数量情况

2017年，按照境外有机标准进行认证的有机作物总面积为129.3万公顷，占中国境内有机认证总面积的22.8%，有机植物类总产量为872.4万吨，占中国境内有机植物产品总认证量的39.6%；畜禽类产品总产量为39.6万吨，占中国境内有机畜禽类产品总量的58.9%；水产品为5.5万吨，占中国境内有机水产品总量的9.3%；加工产品1 231.4万吨，占中国境内有机加工产品总量的64.8%。通过比较分析可以看出，境外7家国际机构在中国开展认证面积占了中国境内总有机面积近1/4比例，而产量却占了50.8%。

2017年各类有机产品的产值共1 337亿元，其中加工类有机产品的产值最高，为773亿元，占总有机产品产值的57.8%。其次是畜禽和青饲料植物，产值分别为115亿元和107亿元，占总有机产品产值的8.6%和8.0%。前3类有机产品的产值占总有机产品产值的64.4%。比较近7年有机产品产值，年增长率为9.1%，见图13-4，2012年因为标准修订，进一步严格规范有机生产和认证，当年认证数量及产值有所下降。

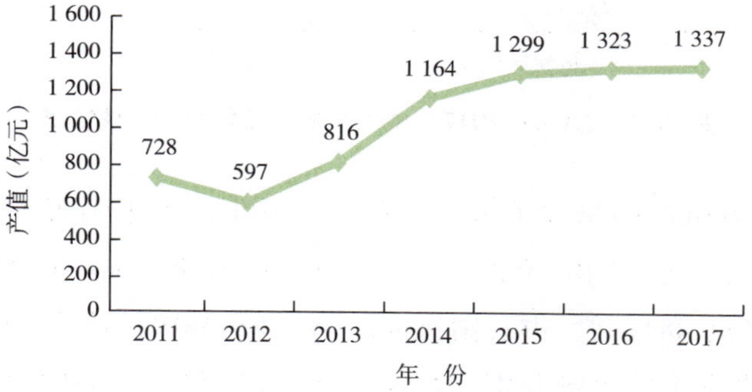

图13-4 2011—2017年中国有机产品产值变化趋势

2017年有机标志备案数量为19.81亿枚，2012—2017年5年间增加了4.6倍，年增长率为29.0%，见图13-5。其中灭菌乳的有机标志备案数最多，为12.56亿枚。发酵乳的有机标志备案数为1.18亿枚，其次是豆制品，有机标签备案数为0.92亿枚，白酒0.76亿枚，其他谷物去壳产品及副产品0.37亿枚，大米0.30亿枚，红葡萄酒0.27亿枚，乳粉0.22亿枚，保藏蔬菜0.14亿枚，小米0.13亿枚，米粉0.12亿枚。以上10类产品加上灭菌乳使用的有机标志数量占总有机标志数量的85.7%。

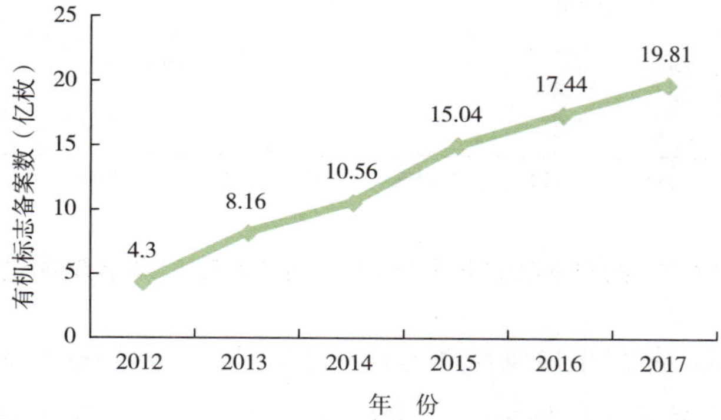

图13-5 2012—2017年中国有机标签备案数量变化趋势

2017年有机产品发放标志核销量为68.68万吨。其中，加工产品的销量最高为63.35吨（图13-6），占总有机产品核销量的92%；植物类有机产品的销量为4.25万吨，占比6%；有机畜禽及其产品核销量为6 254吨；有机水产的核销量为4 501吨。

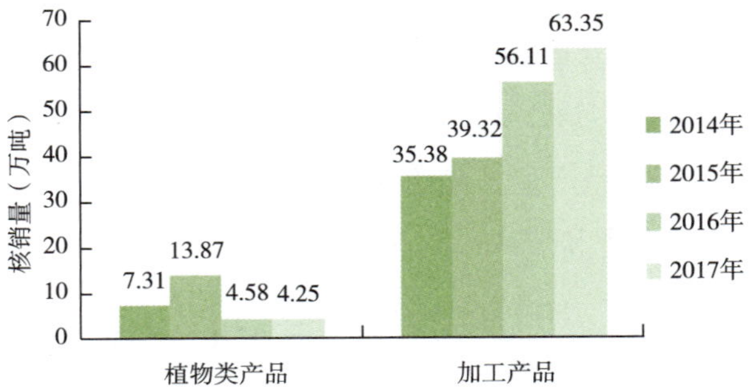

图13-6　2014—2017年中国有机产品发放标志核销量

从数据上看，有机产品供大于求，存在生产者生产出来销售不畅，与生产者虽有需求但不信任、购买不力之间的矛盾。2017年估算的有机产品销售额为606.67亿元，其中有机加工产品为566.44亿元，占总销售额的93.4%；其次是植物类产品30.43亿元，占5.02%。水产品和畜禽类销售额分别为4.59亿元和5.21亿元，分别占有机产品总销售额的0.76%和0.86%。比较近3年有机产品消费额，有逐年上升的趋势，近3年复合增长率为20%，比近20年世界有机销售额年增长率高1倍，且每年消费额所占产值比例也逐年上升，这说明所生产出来的有机产品被市场有机产品形式消费掉的比例越来越高了，见图13-7。

图13-7　2011—2017年中国有机农业产值及近3年消费额比较

2017年中国有机产品总出口贸易额为10.3亿美元，总贸易量为69.0万吨，见图13-8和图13-9。初级农产品的贸易额最大，为8.2亿美元，占总贸易额的80%，加工产品的贸易额为2.1亿美元，没有动物产品出口。中国有机产品共出口到30多个国家和地区，这些国家主要分布在欧洲，如英国、德国、荷兰、意大利、法国、瑞典、瑞士、丹麦、西班牙、荷兰等。其次是亚洲，日本、韩国、新加坡和泰国等国家，以及北美洲的加拿大和美国等国家，大洋洲的澳大利亚和新西兰等国家。

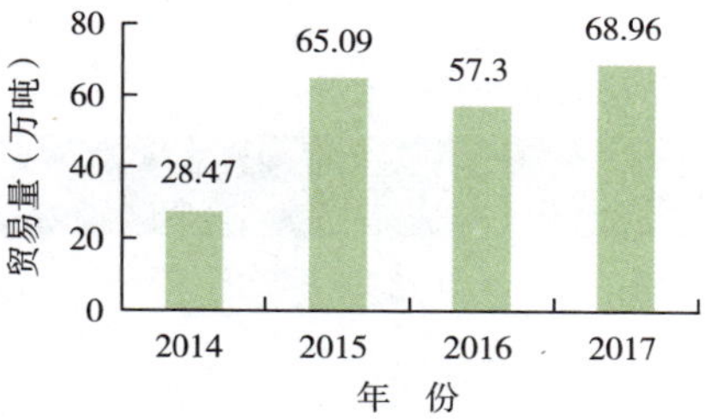

图13-8　2017年中国有机产品出口贸易量

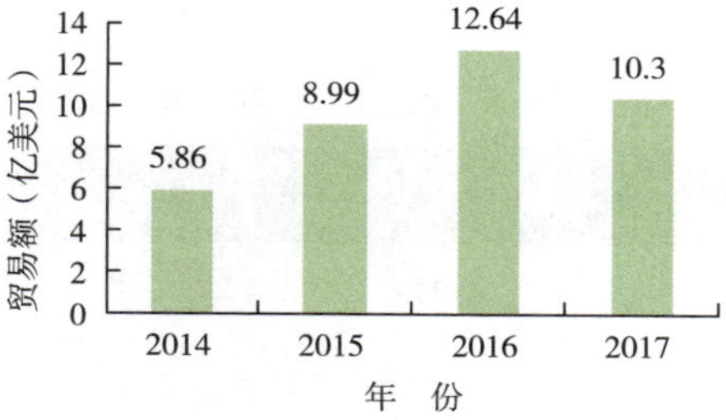

图13-9　2017年中国有机产品出口贸易额

13.4　有机产品认证地域分布

截至2017年12月31日，中国34个省级行政区的有机产品有效认证证书为18 330张，比2016年国内总证书数量增加了17.3%；境外有机产品有效认证证书为345张，比2016年境外证书数量（260张）增加了24.6%。除澳门特别行政区外，中国33个省区市的有机农业生产和加工的活动均有一定程度的增长。

中国有机产品生产区域的分布情况与当地气候条件、地形条件和经济发展水平等多种因素有关。表13-1是2017年中国标准有机产品认证证书分布情况。与2016年整体情况相似，中国东北和东部沿海是获得有机产品认证证书最多的两大区域。东北地区以其独特的区域资源优势，拥有较多的生产基地和企业；而东部沿海地区市场比较活跃，产业化程度相对较高，因此加工企业较为集中。从整体上看，中国有机产品认证企业呈东多西少的特点。近年来，尽管四川、贵州、内蒙古①和新疆②等地处于中国经济相对不发达的西部地区，但其有机产业发展的异常迅速，尤其是四川与贵州，因其独特的生态环境和地理优势，有机农业得以快速蓬勃发展。

从获得中国标准有机产品认证证书的区域分布来看，位列前五位的省份分别是黑

① 内蒙古自治区，全书简称内蒙古

② 新疆维吾尔自治区，全书简称新疆

龙江、贵州、四川、浙江、江西，证书数量均超过了900张，其中黑龙江的有机证书最多，达2 078张，占2017年中国签发的有效认证证书数量的11.1%；上述5个地区的发证量占总证书数的34.6%。安徽省、山东省和云南省的证书数在800～900张。西藏、青海、天津、台湾省、香港、澳门等地有机产品认证证书分布相对较少，证书在100张以下（表13-1）。

表13-1　2017年中国标准有机产品认证证书分布情况

地　区	发证数（张）	地　区	发证数（张）	地　区	发证数（张）
黑龙江省	2 078	新　疆	630	甘肃省	169
贵州省	1 209	广东省	593	宁　夏①	152
四川省	1 201	湖北省	590	重庆市	146
江西省	1 054	河北省	528	海南省	111
浙江省	922	福建省	495	西　藏②	89
安徽省	877	河南省	493	青海省	71
山东省	849	北京市	471	天津市	42
云南省	803	湖南省	415	台湾省	14
吉林省	788	陕西省	402	香港特别行政区	4
辽宁省	739	山西省	399	澳门特别行政区	0
内蒙古	729	广　西③	397	境　外	345
江苏省	672	上海市	198	总　计	18 675

中国有机获证企业分布格局与证书分布格局大体相似，黑龙江的有机产品获证企业数量最多，为1 101家，约占2017年中国标准获认证企业数量的9.2%，其次是四川、江西、浙江、山东。这几个省的有机产品企业都在600家以上，境外的获证企业有172家（表13-2）。

① 宁夏回族自治区，全书简称宁夏
② 西藏自治区，全书简称西藏
③ 广西壮族自治区，全书简称广西

表13-2 2017年中国标准获证有机企业情况

地 区	获证企业数（家）	地 区	获证企业数（家）	地 区	获证企业数（家）
黑龙江省	1 101	新 疆	415	甘肃省	116
四川省	902	广东省	408	宁 夏	107
江西省	747	湖北省	382	重庆市	99
浙江省	627	河北省	362	海南省	60
山东省	621	福建省	321	青海省	58
安徽省	590	河南省	317	西 藏	56
贵州省	574	北京市	314	天津市	33
云南省	547	陕西省	296	台湾省	9
吉林省	480	湖南省	274	香港特别行政区	3
江苏省	475	山西省	259	澳门特别行政区	0
辽宁省	469	广 西	256	境 外	172
内蒙古	420	上海市	137	总 计	12 007

表13-3是2014—2017年中国标准获证数量和有机企业列前十五位的省区市排序，从排序中可以看出，4年来黑龙江省的发证数一直最多，从2014年的573家企业颁发的1 165张证书到2017年企业数增加到1 101家，证书数量也发展到2 078张，无论从证书数还是企业数占全国总量的10%左右。

位列第二、第三位的是贵州省和四川省，他们以独特的资源优势加上政府的大力支持，发展速度很快，贵州省的证书数位于第二位，但四川省的认证企业数位于第二位。贵州省虽然证书数较多，但是其企业数仅为574家，排在第七位。

江西省和浙江省的证书数分别位于第四位和第五位，与2016年相比浙江省的位次下降1位，但是其发证数总量却上升了104张。江西省和安徽省的证书数量增加较快，2016年江西省的证书数为662张，排在第九位，而2017年则上升至1 054张，排在第四位，有机产业发展势头较强劲。另外，安徽省2016年的证书数为577张，排在第十二位，而2017年则上升至877张，排在第六位。吉林省和内蒙古的发证数位次分别下降了3位和4位。

表13-3 2014—2017年中国标准获证数量和有机企业列前十五位的省区市

2014年			2015年			2016年			2017年		
地　区	证书数（张）	企业数（家）	地　区	证书数（张）	企业数（家）	地　区	证书数（张）	企业数（家）	地　区	证书数（张）	企业数（家）
黑龙江省	1 165	573	黑龙江省	1 315	670	黑龙江省	1 716	931	黑龙江省	2 078	1 101
贵州省	686	171	四川省	932	701	四川省	1 080	815	贵州省	1 209	574
四川省	651	491	贵州省	737	196	贵州省	866	296	四川省	1 201	902
浙江省	605	433	浙江省	724	534	浙江省	818	612	江西省	1 054	747
山东省	559	397	山东省	675	482	山东省	753	542	浙江省	922	627
吉林省	542	325	吉林省	615	373	吉林省	707	438	安徽省	877	590
江苏省	490	320	内蒙古	608	343	内蒙古	702	394	山东省	849	621
内蒙古	483	269	江苏省	557	366	云南省	698	474	云南省	803	547
新　疆	414	273	辽宁省	498	285	江西省	662	490	吉林省	788	480
辽宁省	380	223	云南省	473	305	辽宁省	656	427	辽宁省	739	469
云南省	333	213	新　疆	456	292	江苏省	630	451	内蒙古	729	420
湖北省	324	183	湖北省	441	245	安徽省	577	377	江苏省	672	475
广东省	310	208	北京市	430	282	新　疆	536	366	新　疆	630	415
北京市	309	225	广东省	421	285	河北省	488	341	广东省	593	408
福建省	308	212	江西省	420	291	湖北省	484	301	湖北省	590	382

13.5　不同类型有机产品证书的分布

根据中国《有机产品认证目录》，有机产品包括植物类（含种植与野生采集）、畜禽类、水产类和加工类四大类。中国各类有机产品证书数量分布及其占总体发放证书（18 675张）的比例见表13-4。2017年，中国有机产品仍然是以初级产品为主，植物类产品证书占较大比例，其次是加工类产品证书，而畜禽类和水产类产品证书偏少。植物类中的作物种植类型的生产证书数最多，为11 814张，占全部有机证书的比重高达63.3%；加工类生产证书数为4 928张，占26.4%；畜禽类生产证书951张，占证书总数量的比例为5.1%；水产类和野生采集类证书相对较少，分别为541张和441张，各占比2.9%和2.4%。

表13-4 2013—2016年中国各类有机产品证书类型及分布情况

年 份	项 目	种植类证书	加工类证书	畜禽类证书	水产类证书	野生采集类证书
2013	发证量（张）	6 775	2 976	525	340	
	比例	68%	29.9%	5.3%	3.4%	
2014	发证量（张）	9 872	4 169	826	423	335
	比例	63.2%	26.7%	5.3%	2.7%	2.1%
2015	发证量（张）	8 038	3 488	643	367	274
	比例	62.7%	27.2%	5.0%	2.9%	2.1%
2016	发证量（张）	7 467	2 977	542	560	334
	比例	64.9%	25.9%	4.7%	4.9%	4.7%
2017	发证量（张）	11 814	4 928	951	541	441
	比例	63.3%	26.4%	5.1%	2.9%	2.4%

从2013—2017年中国各类有机产品证书类型及分布情况来看（表13-4），中国还是以植物生产为主，占这几年发放有机证书的60%～68%，2013—2017年有逐渐降低的趋势。加工次之，占比在25%～30%，而畜禽所占比例从2013年的5.3%降低到2016年的4.7%，2017年又上升至5.1%。水产和野生采集所占比例都有所下降。

13.6 从有机发证量看有机产业发展趋势

2004—2017年，中国有机产品认证证书数量发展趋势如图13-10所示。从图13-10可以看出，有机产品认证证书的发放数量每年都有所增加。2004年中国只发放了22张有机证书，2016年发放的证书数量为15 625张（发证数量约是2004年的710倍，约是2012年的2倍）。2015年和2016年的有机证书增幅（比上一年）分别是11.40%和21.98%。2017年有机证书发放总量为18 675张，约为2013年的2倍。有机产品认证证书的发放数量反映了中国的有机产业呈现出快速、稳步的发展现状。此外，2013—2017年中国有机产品生产与销售概况参见表13-5。

图13-10 2004—2017年中国有机产品认证证书数量

表13-5 2013—2017年中国有机产品生产与销售概况

项 目	中国标准					境外标准				
	2013年	2014年	2015年	2016年	2017年	2013年	2014年	2015年	2016年	2017年
认证机构（个）	23	23	24	31	45					
认证书数量（张）	9 957	11 499（121）	12 810（196）	15 625（260）	18 330（345）					
获证企业（个）	6 051	8 792（66）	10 949（103）	10 106（131）	11 835（173）		1 198			
有机种植面积（万公顷）	128.7	112.4（26.5）	92.7（32.7）	180.1（37.2）	302.3（15.2）	80.7	80.1	70	79.5	129.3
有机种植产量（万吨）	706.8	690.3（96.5）	572.9（427）	1 053.8（606.8）	1 329.7（380.5）	314.3	326.3	498	1 909.6	872.4
野生采集（万公顷）	143.5	82.2	59.7	81.2	126		32.8			
野生采集产品产量（万吨）	59.7	61.3	23.7	34.6	50.1		15.7			
畜禽总产量（万吨）	106	105.8	107	334	400.7		10.7	50.5	58.9	39.6
水产品总产量（万吨）	31.6	29.4	30.3	47.98	52.7		0.3			
加工产品产量（万吨）	286.4	257.3	259.3	422	668		227.6	237	593.3	1 231.4

（续表）

项　目	中国标准					境外标准				
	2013年	2014年	2015年	2016年	2017年	2013年	2014年	2015年	2016年	2017年
有机标签备案数量（亿枚）	8.14	10.56	15.04	17.44	19.81					
有机产品核销产量（万吨）		43.2	54.8	62.7	68.68					
有机产品销售额估值（亿元）	200～300	302	357.8	559.03	606.67					
出口有机产品贸易量（万吨）						24.6	28.47	65.09	57.3	69.0
出口有机产品贸易额（亿美元）						2.5	5.86	8.99	12.64	10.3

注：括号内数据是按照中国有机产品标准在境外认证的数据

瑞士有机农业研究所（FiBL）

瑞士有机农业研究所（FiBL）是一个独立的非营利研究机构，主要开展有机农业领域最前沿的科研工作，其科研团队与农民一起研发创新和高效的相关技术与管理方案，同时密切关注有机农业对环境、健康和社会经济的影响。此外，瑞士有机农业研究所还十分重视通过提供咨询、培训和研讨会等方式将科研成果应用到农业实践中去。瑞士有机农业研究所在瑞士、德国、奥地利及比利时设有办公室，并在欧洲、亚洲、拉丁美洲及非洲开展各种科研与实践项目。

IFOAM国际有机联盟
（IFOAM - Organics International）

IFOAM国际有机联盟（IFOAM–Organics International）成立于1972年，现总部设在德国波恩。其宗旨是在全球推进以有机农业为主导的有机产业发展，目的是保护生态环境、确保人类健康。该国际组织通过举办论坛、研讨会、全球及地区大会，以及组织培训、提供咨询、支持展会等多种形式搭建政策、技术、贸易平台，在国际有机产业发展中发挥着不可替代的重要作用。

Schweizerische Eidgenossenschaft
Confédération suisse
Confederazione Svizzera
Confederaziun svizra

Swiss Confederation

Federal Department of Economic Affairs,
Education and Research EAER
State Secretariat for Economic Affairs SECO

International Trade Centre

coop

BIOFACH
into organic

中国农业科学技术出版社
官方微信公众号平台

责任编辑 史咏竹
封面设计 孙宝林 田 静

ISBN 978-7-5116-4092-5

9 787511 640925 >

定价：50.00元